Ueber die

Gemeinde-Verhältnisse der Juden in Preußen.

Von

H. Makower
Rechtsanwalt und Notar.

Berlin, 1873.
Verlag von J. Guttentag (D. Collin).

Als die Preußische Regierung den Gesetzentwurf betreffend den Austritt aus der Kirche vorlegte, tauchten unter den jüdischen Gemeinden in Preußen Besorgnisse auf, daß ihr Bestand durch jenes Gesetz gefährdet sei. Die Motive zu diesem Gesetze ergaben jedoch, daß jene Besorgnisse unbegründet waren, da nicht der Austritt aus der einzelnen Synagogen-Gemeinde, sondern nur der Austritt aus dem Judenthum nach Form und Wirkung geregelt werden sollte, überall aber die Ueberzeugung obwaltete, daß dieser zugelassene Austritt den Bestand der Gemeinden nicht gefährde. Die Motive sagen:

> „Der § 9 (des Gesetzentwurfs über den Austritt aus der Kirche) dehnt die Bestimmungen des Gesetzes auf den Austritt aus allen Religionsgemeinschaften aus, welchen Korporationsrechte gewährt sind. Zu bemerken ist hierbei nur, daß wie das Gesetz sich nur auf den Austritt aus der Kirche, nicht auf den Austritt aus der Parochie bezieht, so auch seine analoge Anwendung auf die Juden nur im Falle des Austritts aus dem Judenthum, nicht aber im Falle des Austritts aus einer einzelnen Synagogen-Gemeinde zulässig ist. Ueber das Letztere Bestimmung zu treffen, ist nicht Aufgabe des vorliegenden Gesetzentwurfs, gehört vielmehr zu der in der Vorbereitung begriffenen gesetzlichen Regelung der Verhältnisse der Juden überhaupt."

In den Kommissionsberathungen des Abgeordnetenhauses wurde die Tragweite des Gesetzes nach Inhalt dieser Motive deklarirt, ingleichen bei den Plenarverhandlungen, doch wurde in den letzteren eine Resolution des Abgeordneten Lasker angenommen, welche wie folgt lautet:

> die königliche Staatsregierung aufzufordern, dem Landtage baldigst eine Vorlage zu machen, durch welche auch den Juden in allen Theilen der Monarchie der Austritt aus einer Reli-

gionsgemeinschaft aus konfessionellen Bedenken ohne gleichzeitigen Austritt aus dem Judenthum ermöglicht wird und die in einzelnen Landestheilen etwa entgegenstehenden gesetzlichen Bestimmungen aufgehoben werden.

Der Minister für Kultusangelegenheiten gab hierauf folgende Erklärung ab:

„Es ist bereits in der Kommission zum Ausdruck gebracht worden, daß die Annahme eines Antrags, wie er den Auffassungen des Herrn Lasker entspricht, in der That dazu dient, das Zustandekommen des Gesetzes zu hindern; die Staatsregierung glaubt auch, was die älteren Provinzen betrifft, daß der Rechtsstandpunkt, den sie in den Motiven betont, derjenige ist, der dem Gesetz entspricht. Die Staatsregierung hat aber auf der anderen Seite nicht verkennen können, daß die Zustände, wie sie gegenwärtig innerhalb des Judenthums bestehen, einer anderweitigen gesetzlichen Regelung bedürfen, weil ihre Entwickelung weit über diejenigen Gesichtspunkte hinausgegangen ist, welche beispielsweise in dem bekannten Gesetz vom Juli 1847 derartige Fälle in's Auge fassen und eine Regelung für sie festsetzen. Sie hat aber bei der Verschiedenheit der thatsächlichen Verhältnisse, über welche der Herr Abgeordnete v. Brauchitsch sich bereits ausgelassen hat, und in Rücksicht der verschiedenen Lage der Gesetzgebung in einzelnen Landestheilen es für ihre Pflicht erachtet, sich erst des Genauesten über diese Verhältnisse zu vergewissern.

In der Beziehung sind bereits vorbereitende Schritte geschehen, und es hatte vor wenigen Monaten noch den Anschein, als ob diese Schritte dazu führen könnten, noch in der gegenwärtigen Session dem Hohen Hause eine Vorlage zu machen. Diese Hoffnung ist getäuscht worden; es ist das in der That nicht mehr möglich, indessen wird aus meinen Bemerkungen der Herr Abgeordnete Lasker entnehmen, daß die Staatsregierung mit dem Gedanken sich bereits vertraut gemacht hat, daß auf dem Wege einer eingehenden Gesetzgebung in dieser Beziehung geholfen werden muß unter Berücksichtigung der im Laufe der letzten Jahrzehnte eingetretenen Bewegung innerhalb des Judenthums, und ich hoffe, was für diese Session nicht gelungen ist, wird doch wohl für die nächste zu erreichen möglich sein.“ —

Bei dieser Lage der Sache ist also eine anderweite Regelung der

Gemeindeverhältnisse der Juden in Preußen in Aussicht, und es frägt sich, welche Art der Regelung die wünschenswertheste ist.

Hierüber eine Meinung auszusprechen, ist der Zweck dieses Schriftchens.

Um zu einer Entscheidung zu gelangen und auch Anderen das Material für eine Beurtheilung der Sache mit Kenntniß der thatsächlichen Verhältnisse zu gewähren, ist es zunächst nothwendig, den gegenwärtigen Zustand in der Preußischen Monarchie zu kennen, und sodann zu prüfen, ob eine einheitliche Regelung wünschenswerth ist, im Bejahungsfalle, nach welchem Systeme, ob nach einem der vorhandenen oder einem neuen. Sollte sich endlich eines der vorhandenen Systeme als das geeignetste aus der Untersuchung ergeben, so wird es gut sein, den einzelnen Ausführungsbestimmungen näher zu treten und bestimmte Vorschläge zu machen.

A.

Welches sind die gegenwärtig in Preußen geltenden Bestimmungen über die Organisation der kirchlichen Gemeinschaften der Juden?

I. Das Gesetz über die Verhältnisse der Juden vom 23. Juli 1847 (G. S. S. 263) bezweckte die Herstellung einer möglichst gleichmäßigen Gesetzgebung über die Verhältnisse derselben in dem damaligen ganzen Bereiche der Monarchie, hob alle von den Bestimmungen dieses Gesetzes abweichenden allgemeinen und besonderen gesetzlichen Vorschriften auf (§ 72), und regelte in drei Titeln:

a) Tit. 1. die bürgerlichen Verhältnisse der Juden;
b) Tit. 2. die Kultus- und Unterrichts-Angelegenheiten der Juden;
c) Tit. 3. die Niederlassung und den Aufenthalt fremder Juden.

Jeder der beiden ersten Titel zerfällt in 2 Abschnitte, deren erster die Bestimmungen für alle Landestheile, mit Ausschluß des Großherzogthums Posen, und deren zweiter die Bestimmungen für Posen enthält.

Der erste Titel scheidet hier von der Betrachtung aus, und ist theils durch Landes-, theils durch Reichsgesetze aufgehoben; im Wesentlichen gelten aus demselben noch die §§ 8—22 über die bürgerliche Beglaubigung der Geburts-, Heiraths- und Sterbefälle, welche ihren Zweck, die Statusverhältnisse zu sichern, erfüllt, und zu irgend welchen Klagen keinen Anlaß gegeben haben. Die Erleichterung, daß Anmeldungen von Geburts- und Todesfällen in gewissen Fällen auch bei der leichter als das Gericht zu erreichenden Ortspolizeibehörde erfolgen können, dürfte sich empfehlen.

Der zweite Titel ist der Sitz der Materie, um welche es sich hier handelt; sein zweiter Abschnitt enthält für Posen einige geringfügige Abweichungen, deren Beachtung es jedoch nicht bedarf, so daß nur der erste Abschnitt des zweiten Titels näherer Betrachtung zu unterziehen ist.

Der § 35 enthält das Prinzip, auf welchem die ganze Organisation beruht, den Grundsatz nämlich, daß alle Juden nach Maaßgabe der Orts- und Bevölkerungsverhältnisse dergestalt in Synagogengemeinden vereinigt werden, daß alle innerhalb eines Synagogenbezirks wohnenden Juden einer solchen Gemeinde angehören. Die Bildung der Bezirke erfolgt durch die Regierungen nach Anhörung der Betheiligten. Die einzelnen Synagogengemeinden erhalten in Bezug auf ihre Vermögensverhältnisse die Rechte juristischer Personen.

Das Gesetz bestimmt demnächst, daß sämmtliche selbstständige Gemeindemitglieder von Zeit zu Zeit Repräsentanten wählen, aus deren Wahl ein Vorstand hervorgeht (§ 41). Die Beschlüsse der ersteren sind für die Gemeinde verbindlich und in der Regel für den Vorstand maßgebend (§§ 46, 47). Der Letztere ist das Organ, durch welches Anträge oder Beschwerden der Synagogengemeinden an die Staatsbehörde gelangen, und die Gemeinde Dritten gegenüber in allen Rechtsgeschäften vertreten wird (§ 44). Es ist also ein den städtischen Gemeinden analoger Organismus vorhanden; die Repräsentanten entsprechen etwa den Stadtverordneten, der Vorstand dem Magistrate. In einigen Fällen (§ 48) ist außer dem Einverständnisse dieser beiden Körperschaften die Genehmigung der Regierung zu gewissen Beschlüssen erforderlich (§ 48). Ingleichen entscheidet dieselbe über Streitigkeiten zwischen den beiden Körperschaften (§ 47 i. f.) und über Beschwerden Einzelner über die Verletzung der ihnen als Mitglieder der Gemeinde zustehenden Rechte (§ 49). Die Verwaltung der Synagogengemeinde unterliegt der Oberaufsicht der Regierungen (§ 49 ad 1 u. 2). Die Regelung einer Reihe von Detailvorschriften ist dem Statute jeder Gemeinde überlassen, welches von dem Vorstand und der Repräsentantenversammlung dem Oberpräsidenten zur Bestätigung vorzulegen ist (§ 50). Hinsichtlich des Kultuswesens ist bestimmt, daß die auf den Kultus bezüglichen inneren Einrichtungen in jeder Synagogengemeinde, so lange und so weit nicht das Statut ein Anderes festsetzt, der Vereinbarung des Vorstandes und der Repräsentanten überlassen bleiben, daß die Regierung nur insoweit von diesen Einrichtungen Kenntniß zu nehmen hat, als die öffentliche Ordnung ihr Einschreiten erfordert (§ 51), daß die Kultusbeamten nach Statut oder Herkommen zu wählen, aber erst nach Erklärung der Regierung, daß gegen Annahme derselben Nichts zu erinnern sei, in ihr Amt einzuführen seien (§ 52).

Entstehen innerhalb einer Synagogengemeinde Streitigkeiten über die inneren Kultuseinrichtungen, welche auf Bildung einer neuen Synagoge abzielen, so sind die Minister der geistlichen Angelegenheiten und des Inneren ermächtigt, auf den Antrag der Interessenten eine Begutachtung der Differenzen durch eine zu diesem Zweck einzusetzende Kommission (über welche im Gesetze nähere Bestimmungen getroffen sind, §§ 54—57) eintreten zu lassen. Kann durch den Ausspruch der Kommission der Konflict nicht ausgeglichen werden, so entscheiden die Minister, mit welcher Maßgabe entweder die Einrichtung eines abgesonderten Gottesdienstes oder die Bildung einer neuen Synagoge zu gestatten sei. Zugleich haben dieselben mit Ausschluß des Rechtsweges zu bestimmen, welcher Theil im Besitze der vorhandenen Kultuseinrichtungen und des Vermögens der Synagogen-Gemeinde verbleibt (§ 53).

Die der besonderen Armen- und Krankenpflege der Juden gewidmeten Fonds und Anstalten werden, vorbehaltlich des Oberaufsichtsrechts der Regierung, durch die Synagogen-Gemeinden beaufsichtigt und verwaltet (§ 59), ferner haben die Letzteren solche Einrichtungen zu treffen, daß es keinem jüdischen Kinde während des schulpflichtigen Alters an dem erforderlichen Religions-Unterrichte fehle (§ 62). Als Religionslehrer können nur solche Personen zugelassen werden, welche zur Ausübung eines Elementarschulamts vom Staate die Erlaubniß erhalten haben. Die Regierung kann die Errichtung besonderer jüdischer Schulen, deren Besuch auf jüdische Kinder beschränkt ist, und welchen die Eigenschaften und Rechte einer öffentlichen Schule zustehen, auf den Antrag der Synagogen-Gemeinden genehmigen (§§ 64—67).

Endlich bestimmt § 58, daß die Kosten des Kultus und der übrigen die Synagogen-Gemeinde betreffenden Bedürfnisse, zu welchen auch die Einrichtung und Unterhaltung der Begräbnißplätze gehört, nach den durch das Statut jeder Gemeinde näher zu bestimmenden Grundsätzen auf die einzelnen Beitragspflichtigen umgelegt, und nachdem die Heberollen von der Regierung für vollstreckbar erklärt worden sind, im Verwaltungswege eingezogen werden. Der Rechtsweg ist wegen solcher

Abgaben und Leistungen nur insoweit zulässig, als Jemand aus besonderen Rechtstiteln die gänzliche Befreiung von Beiträgen geltend machen will oder in der Bestimmung seines Antheils über die Gebühr belastet zu sein behauptet.

Ob und inwieweit einzelne, zerstreut und von dem Mittelpunkte des Synagogen-Bezirks entfernt wohnende Juden zu den von der Synagogen-Gemeinde aufzubringenden Kosten, insbesondere zu den Kultus-Bedürfnissen beizutragen haben, ist von den Regierungen nach Maßgabe der Vortheile festzusetzen, welche jenen Juden durch die Verbindung mit der Synagogen-Gemeinde zu Theil werden.

Das vorstehend skizzirte Gesetz galt bis zum Jahre 1866 in allen Provinzen des Preußischen Staats, jedoch in Posen mit einigen unwesentlichen Abweichungen. Abweichende Bestimmungen dagegen gelten in den seit dem Jahre 1866 annektirten Provinzen.

II. In Hannover beruht das jüdische Gemeindewesen auf verschiedenen Verordnungen:

a. auf dem Gesetze über die Rechtsverhältnisse der Juden vom 30. September 1842 (1. Abth. Nr. 41), von welchem hier nur der Tit. III. interessirt. Dasselbe bestimmt (§ 35), daß Jeder im Königreiche wohnhafte Jude einer Synagogen-Gemeinde angehören muß, und daß die Bezirke derselben näher festgestellt werden sollen; daß solche Gemeinden mit Genehmigung der Landdrostei durch Verfügungen unter Lebenden und von Todes wegen Vermögen erwerben können (§ 25), aber nicht die Rechte öffentlich anerkannter Kirchengesellschaften genießen; daß die Verwaltung des Vermögens der Synagogen, Schulen, Armenanstalten und sonstigen öffentlichen milden Stiftungen der Aufsicht der Regierungen unterliegt (§ 26), die Juden die Kosten ihrer Institute allein zu tragen haben, der Betrag der Kosten und die Art der Aufbringung durch die Behörden festzustellen ist und die Beitreibung im Verwaltungswege erfolgen kann (§ 28); daß die den Regierungen obliegende Aufsicht neben den Ortsobrigkeiten zunächst durch den Landrabbiner unter Leitung der Landdrosteien ausgeübt wird (§ 20); daß die Anstellung der Rabbiner, Vorsänger und Schullehrer auf Prüfung durch den Landrabbiner und einem von der Landdrostei zu ernennenden Kommissarius und nach Bestätigung durch die Landdrostei erfolgt; daß die Landrabbiner auf Erfüllung ihrer Dienstpflichten zu wachen und sie nöthigenfalls durch Verweise und Geldstrafen bis 10 Thlr. dazu anzuhalten haben (§ 23); daß die Landrabbiner wegen Verletzung der Synagogen-Ordnung Verweise und Geldstrafen bis 10 Thlr. festsetzen können (§ 37), und jüdische Hauslehrer nur nach Prüfung durch den Landrabbiner und mit Genehmigung der Obrigkeit angenommen werden können (§ 46); daß endlich der Landrabbiner darauf zu sehen hat, daß den jüdischen Kindern nicht der Religions-Unterricht fehle (§ 47).

Besondere jüdische Schulen können eingerichtet werden.

Für das Armenwesen sollen Verbände bestehen, denen mehrere Gemeinden angehören können; doch können sie mit christlichen Armenverbänden verbunden bleiben oder werden.

b. auf der Bekanntmachung über die Führung der jüdischen Geburts-, Trauungs- und Sterbelisten vom 4. November 1843 (I. Abth. Nr. 38), wonach die Listen durch die Vorsteher der einzelnen Synagogen-Gemeinden zu führen sind, oder durch ein anderes Mitglied der Gemeinde nach Bestimmung der Obrigkeit auf vorgängige Verhandlung mit dem Landrabbiner (§ 11). Dem Letzteren liegt die Revision der Listen und die Beseitigung von Mängeln ob (§ 15).

c. auf der Bekanntmachung das jüdische Synagogen-, Schul- und Armenwesen betreffend vom 19. Januar 1844 (I. Abth. Nr. 6). Dieselbe enthält eine Ausführungsverordnung für die §§ 19—49 des obengedachten Gesetzes vom 30. September 1842. Aus derselben ist nur hervorzuheben, daß die Synagogenbezirke nur nach Anhörung des betreffenden Landrabbiners abgeändert werden sollen (§ 1), daß kleinere und größere Armenverbände gebildet werden sollen, daß jede Gemeinde einen Vorsteher haben soll, in größeren Gemeinden jedoch auch mehrere bestellt werden können (§ 11), daß den Vorstehern die Ueberwachung der Synagogen, der Schulen, der Armenpflege und die Vermögensverwaltung zusteht, daß jedoch für die Synagogen, milden Stiftungen, Schulen und Armenverbände, wenn die beiden letzteren nicht mit den Synagogen-Bezirken zusammenfallen, besondere Vorsteher bestellt werden können; wo der größere Armenverband mit dem Landrabbinats-Bezirke zusammenfällt, soll der Landrabbiner zu den Vorstehern gehören und ihm die Leitung zustehen (§ 22 Abs. 2).

Der Vorsteher wird in einer Gemeinde-Versammlung gewählt; bei Stimmengleichheit entscheidet die Obrigkeit (§ 28). In der Regel muß jedes stimmfähige Mitglied die Wahl annehmen (§ 30). Neben dem Vorsteher wird in der Regel ein Rechnungsführer gewählt (§ 34). Ein Voranschlag für die muthmaßlichen Einnahmen und Ausgaben, sowie eine Uebersicht der Aufbringung des Fehlenden nach dem eingeführten Fuße ist von dem Vorsteher unter Mitwirkung des Rechnungsführers in der Regel jährlich der Gemeinde-Versammlung vorzulegen. Genehmigt diese die Vorlage, so ist dieselbe vollstreckbar (§ 41). Die jährliche Decharge erfolgt in einer Gemeinde-Versammlung; die Superrevision erfolgt durch die Obrigkeit. In größeren Gemeinden kann statt der Gemeinde-Versammlung ein Gemeinde-Ausschuß bestellt werden (§ 52). In den §§ 53—71 werden endlich über die in den einzelnen Landrabbinats-Bezirken anzustellenden Landrabbiner und ihre Befugnisse Bestimmungen getroffen. Der § 53 unterstellt ihrer Oberaufsicht das Synagogen-, Schul- und Armenwesen der Juden, sowie die jüdischen öffentlichen milden Stiftungen.

d. auf einem Ausschreiben der Landdrostei Hildesheim vom 28. Februar 1853 betreffend die jüdischen Synagogen-Bezirke (III. Abth. Nr. 2), worin die Obrigkeiten im dortigen Landrabbinats-Bezirke verzeichnet werden.

e. auf einer Verordnung, betreffend die Bestätigung einer von den Landrabbinern beantragten allgemeinen Synagogen-Ordnung (I. Abth. Nr. 47) vom 31. Dezember 1860. Dieselbe enthält die bis ins Einzelne gehenden Vorschriften hinsichtlich der Aufsicht über die Synagogen und den Gottesdienst (§ 6—13), über die äußere Ordnung des Gottesdienstes (§§ 14—26), über Vorbeter und Synagogendiener (§§ 27 bis 33), über das Vorlesen der Thora und Ehrenrechte (§§ 34—46), über Vorträge (namentlich deutsche) (§§ 47—49), über Beschneidung (§ 50), Konfirmation (§§ 51—58), Trauungen (§§ 59—63), Begräbnisse (§§ 64—71). Aus den Eingangs- und Schlußbestimmungen (§§ 1—5, 72—75) ist hervorzuheben, daß verordnet ist, an welchem Tage öffentlicher Gottesdienst abzuhalten ist, und daß der Landrabbiner nach Anhörung der Gemeinde, falls der öffentliche Gottesdienst wegen zu geringer Anzahl von Theilnehmern (unter 10 Personen) wiederholt unterbleiben mußte, anordnen kann, daß fortan jedes männliche Gemeindemitglied am Orte der Synagoge nebst den theilnahmefähigen männlichen Hausgenossen, mindestens an denjenigen Tagen sich einfinde oder einen Ersatzmann stelle, an denen öffentlicher Gottesdienst zu halten ist (§ 1), daß an Orten, wo die Synagoge nicht ist, regelmäßiger Gottesdienst nur mit Genehmigung des Landrabbiners abgehalten werden kann (§ 3), daß die Einrichtung und Einweihung einer Synagoge die Genehmigung des Landrabbiners erfordert (§ 4), daß Abänderungen der Liturgie und des Ritus der Genehmigung des Landrabbiners bedürfen, wesentliche Abänderungen durch den Letzteren aber der Zustimmung der Gemeinde. Dispensationen von einzelnen Bestimmungen der Synagogen-Ordnung ertheilt der Landrabbiner mit Genehmigung der oberen Verwaltungs-Behörde (§ 72); er entscheidet, vorbehaltlich der Berufung an die letztere, Zweifel über Auslegung der Synagogen-Ordnung, sowie Streitigkeiten über die Anwendung derselben (§ 73), und ist befugt, solche Bestimmungen älterer Synagogen-Ordnungen, welche der vorliegenden nicht widerstreiten, bis auf weiteren Beschluß der Gemeinde aufrecht zu erhalten (§ 74). Ihm liegt endlich ob, die Vorschriften zur Ausführung der neuen Synagogen-Ordnung zu erlassen (§ 75).

III. In Kurhessen regelt eine Verordnung vom 30. Dezember 1823 (Nr. XII. Dezbr.), ergänzt und abgeändert durch ein Gesetz vom 29. Oktober 1833 (Nr. XVI. Oktbr.), die gemeinheitlichen Verhältnisse der Israeliten.

Aus derselben ergiebt sich, daß die Juden in einzelne Gemeinden vertheilt werden, welche aus den Israeliten eines Ortes oder mehrerer Orte bestehen (§ 1 der V.); jede Gemeinde soll ihr Bethaus haben (§ 2); außer den öffentlichen Bethäusern darf kein israelitischer Gottesdienst von Anderen als Familiengenossen stattfinden (§ 3). Jede Gemeinde hat mehrere Aelteste, welche durch den Kreisvorsteher dem Kreisrath bezeichnet und mit dessen Einverständniß dem landesherrlichen Kommissar für die judenschaftlichen Angelegenheiten vorgeschlagen werden, welcher sie ernennt. Die Bestellung wird der Gemeinde bekannt gegemacht (§ 4).

Jede Gemeinde soll einen Vorsänger haben, welcher von der Gemeinde mit Genehmigung des Kreisamtes bestellt wird (§ 5). Die größeren Gemeinden und die Kreise sollen einen Rabbiner haben (§ 7). Diese sowie die jüdischen Religionslehrer unterliegen einer Staatsprüfung, und hinsichtlich der Religionslehre einer Prüfung durch das Landrabbinat. Jeder Bewerber um eine Rabbiner-Stelle muß eine deutsche Probepredigt halten, über deren Werth der landesherrliche Kommissar und das Landrabbinat nebst den Vorstehern zu berichten haben (§ 8 modificirt durch § 11 des Gesetzes). Die Bestellung und Entlassung der Rabbiner der Gemeinde und Kreise geschieht durch die Regierung der Provinz auf Vorschlag des Vorsteher-Amts (§ 9).

Die Juden können öffentliche Schulen mit geprüften Lehrern errichten. Die Annahme von Privatlehrern zum Ersatze des öffentlichen Unterrichts ist untersagt; auch zum Halten eines jüdischen Privatlehrers, wenngleich blos für den Religions-Unterricht, bedarf es einer Erlaubniß der Regierung (§ 12).

Die Ordnung in den Synagogen wird durch die Rabbiner und die

Aeltesten aufrechterhalten; diese können eine Ordnungsstrafe von 1/2 bis 3 Pfund Wachs verhängen (§ 15).

Das Landrabbinat soll mit Genehmigung des Ministeriums des Innern ein zweckmäßiges Lehrbuch der jüdischen Religion und ein Gesangbuch für den Unterricht einführen (§ 16).

Die Trauungen erfolgen durch die Gemeinde-, Kreis- und Provinzial-Rabbiner, sobald durch den Kreisrath attestirt ist, daß der Heirath nunmehr nichts im Wege steht (§ 17). Die Rabbiner und die Aeltesten führen die Geburts-, Trauungs- und Sterberegister (§ 18).

Jede Gemeinde kann ihren eigenen Todtenhof haben (§ 21).

Die Judenschaft jedes Kreises erhält einen Vorsteher, welcher von den Aeltesten gewählt und von dem Vorsteher-Amt bestätigt wird (§ 24). Diese Provinzial-Vorsteher-Aemter werden auf Vorschlag der Regierungen von dem Ministerium des Innern bestellt (§ 30).

Alle Rabbiner für einzelne Gemeinden und größere Bezirke sind dem Provinzial-Rabbiner untergeordnet (§ 26).

Der landesherrliche Kommissar, ein Mitglied der Provinzial-Regierung, bildet in der Provinz die Spitze für die Leitung aller Angelegenheiten der Juden (§ 32).

Das Landrabbinat soll in Kassel halbjährlich zusammentreten; es besteht aus einem Landrabbiner, welcher zugleich Rabbiner für die Provinz Niederhessen ist, den Rabbinern der übrigen Provinzen, einem Vorsteher als Deputirten für sämmtliche Vorsteher-Aemter und außerordentlichen Mitgliedern, welche durch das Ministerium des Innern berufen werden. Den Versammlungen wohnt ein landesherrlicher Kommissar bei (§ 35). Dem Landrabbinat liegt die Oberaufsicht über den gesammten Gottesdienst und den Religions-Unterricht, sowie die Vornahme von Prüfungen, Ertheilung von Gutachten und Entscheidung auf Beschwerden gegen die Provinzial-Rabbiner ob (§ 36).

Die Kosten für die gemeinheitlichen Verhältnisse der Juden sollten durch eine Einkommensteuer aufgebracht werden (§ 38); diese ist jedoch in eine Klassensteuer (von 42 Klassen) umgeändert worden (§ 17 Ges. vom 29. Oktbr. 1833), welche von 3 zu 3 Jahren revidirt wird. Der Modus der Aufbringung dieser Kosten sowie derjenigen der Provinziallasten (§§ 56–58) und des Landrabbinats (§ 59) ist speziell geregelt.

IV. In Nassau erging von der Herzogl. Ministerialabtheilung des Innern eine Verordnung die Kultusverhältnisse der Juden betreffend, de dato Wiesbaden den 7. Januar 1852, welche zunächst eine

Circumscription der damals im Herzogthum bestehenden 83 Synagogen-Bezirke, und sodann die Instruktion für die Vorstände und Rechner der israelitischen Kultusgemeinden und die Bestimmungen über den bestehenden Central-Kultusfonds enthält.

Die Instruktion ergiebt, daß jede Kultusgemeinde einen Vorsteher erhält, welcher von dem Herzogl. Kreisamt ernannt, verpflichtet und der Gemeinde vorgestellt wird. Die letztere kann einen oder zwei Gehülfen wählen, welche das Kreisamt bestätigt (§ 1). Die Vorsteher unterliegen der Disciplinarbefugniß der Kreisämter, welche ihre Eröffnungen in Rescriptsform den Vorstehern zugehen lassen (§ 2).

Der Vorsteher hat auf die äußeren und inneren Angelegenheiten der Gemeinde zu achten (§ 4); er verwaltet unter obrigkeitlicher Aufsicht das Vermögen der Gemeinde (§ 5). Er entwirft jährlich ein Budget, und reicht dasselbe mit den von Gemeindemitgliedern etwa eingegangenen Bemerkungen dem Kreisamt ein, welches bei Genehmigung des Budgets die von den Gemeindemitgliedern zu erhebenden Kultussteuern festsetzt (§ 7). Das Erhebungskataster (Matrikel) wird durch die Bürgermeister unter Beiziehung des Kultusvorstandes aufgestellt (§ 8). Die Eltern der schulpflichtigen Kinder haben zu den Kosten des Religions-Unterrichts beizutragen (§ 9). Veräußerung von Synagogenstühlen ist unzulässig, die Verpachtung möglichst zu beseitigen (ibid). Die Rechnungsabschlüsse werden von dem Vorsteher revidirt, den Gemeindemitgliedern zur Einsicht aufgelegt und dem Kreisamt zum Abschluß eingesandt.

Der Vorsteher hat für den Religions-Unterricht zu sorgen; die Lehrer bedürfen zum Antritte ihres Dienstes der speciellen Genehmigung der Ministerialabtheilung des Innern, die Dienstzeit ist als auf Wohlverhalten bestimmt anzusehen; sie können nicht von der Kultus-Gemeinde, sondern nur mit Genehmigung jener Ministerialabtheilung entlassen werden; die Verträge mit ihnen sind nebst einem Gutachten des betreffenden Bezirksrabbiners jener Abtheilung zur Entschließung vorzulegen (§ 12).

Der Vorsteher hat die äußere Kirchenzucht in der Synagoge zu handhaben, (§ 13) und kann wegen Unordnungen während des Gottesdienstes Verweise ertheilen und Geldstrafen bis 1 fl. 30 Kr. verhängen, ingleichen wegen Versäumung des gewöhnlichen Religions-Unterrichts, des Konfirmations-Unterrichts und der sabbathlichen Andachtsstunde geringere Strafen. Der Rekurs geht an das Kreisamt und schließlich an die Ministerial-Abtheilung des Innern (§ 14). Der Vorsteher soll darauf sehen, daß kein regelmäßiger Gottesdienst in Privathäusern abgehalten werde (§ 15).

Hinsichtlich der äußeren Einrichtungen des Religions-Unterrichts und des Gottesdienstes findet eine wechselseitige Benehmung zwischen dem Vorstand und dem israelitischen Geistlichen statt (§ 16).

Der Vorsteher hat seine Gehülfen monatlich wenigstens einmal zu einer ordentlichen Sitzung zu berufen (§ 17).

Die Rechner der Kultusgemeinden werden auf Vorschlag des Vorstands von dem Herzogl. Kreisamt ernannt; sie besorgen das Rechnungswesen und die Beitreibung der Steuern. Die Debentenliste wird durch den Vorsteher dem Kreisamt zur Erkennung der Auspfändung vorgelegt (Instr. III.).

Endlich besteht ein Israelitischer Central-Kultusfonds, dessen Einnahme durch Beiträge aus den Kassen der Kultusgemeinden sich bildet und von der Ministerial-Abtheilung des Innern verwaltet wird. Vier Bezirksrabbiner sind provisorisch zur Beaufsichtigung des Kultus und des Religions-Unterrichts bestellt; sie allein können Trauungen von Juden vornehmen und erhalten Zuschüsse aus dem Centralfonds.

V. In Frankfurt a. M. besteht für die Judenverhältnisse ein Reglement vom 8. März 1839, welches durch 3 Verfügungen wesentlich geändert ist. Das Reglement bestimmte einen Senatskommissär zur Leitung des Gemeindevorstandes und Handhabung der Ordnung und Wahrung der Rechte des Staats sowohl in Hinsicht auf Verwaltungs-Gegenstände als auch auf den Kultus; er sollte den Vorsitz in den Versammlungen des Vorstands haben, und alle Beschlüsse des letzteren sollten seiner Beistimmung bedürfen. Durch Verfügung vom 1. Mai 1849 wurde der Senatskommissar beseitigt; durch Senatsbeschluß vom 25. April 1854 wurde jedoch zur Handhabung des staatlichen Oberaufsichtsrechts hinsichtlich der ökonomischen Verwaltung der Gemeinde ein Bevollmächtigter des Senats bestellt, dessen Funktion jedesmal 3 Jahre dauern sollte. Diesem soll jährlich von dem Gemeindevorstand über das Gemeindevermögen, das Armen- und Stiftungswesen berichtet werden, ihm soll der Voranschlag und der Rechnungs-Abschluß mit den Monitis des Gemeinde-Ausschusses von dem Vorstande vorgelegt, und von ihm über die Differenzen entschieden werden; ebenso ist ihm die revidirte Schulkassen-Rechnung vorzulegen. Der Bevollmächtigte hat alljährlich über seine Thätigkeit an den Senat zu berichten. Durch Verfügung des Polizei-Präsidenten von Madai vom 9. März 1868 ist mitgetheilt, daß die Regierung zu Wiesbaden die staatlichen Rechte der Oberaufsicht ausüben werde und ihn mit der Befugniß zur Substitution zum Regierungs-Bevollmächtigten bestellt habe, jedoch geneigt sei, die inneren Angelegenheiten der Gemeinde möglichst ihrer Autonomie zu überlassen.

Neben diesem Bevollmächtigten fungirt ein Vorstand und ein Gemeinde-Ausschuß von 9 Mitgliedern der Gemeinde; letzterer entsteht durch Wahl der Gemeindemitglieder, ersterer ergänzt sich durch Wahl seitens der beiden Kollegien, so daß für jede Vakanz je 3 Mitglieder von jedem Kollegium vorgeschlagen werden und der Senat die vakante Stelle durch einen der Vorgeschlagenen besetzt. Der Vorstand vertritt die Gemeinde nach Außen, und hat auch in der inneren Verwaltung größere Befugnisse als in den altpreußischen Provinzen, da er im Wesentlichen nur hinsichtlich der Besetzung von Gemeinde-Aemtern und in allen reinen Kultusverhältnissen, sowie bei Feststellung des Budgets an die Zuziehung des Ausschusses gewiesen ist.

Hinsichtlich der Rabbiner verblieb es bei der Stellung, welche sie inne hatten, doch sind einige Vorschriften getroffen, durch welche ihre gehörige Qualifikation gesichert werden soll.

VI. In Holstein gilt ein dänisches Gesetz vom 14. Juli 1863 (Nr. 73), dessen zweiter Titel sich mit der Religions- und Gemeinde-Verfassung, sowie dem Schul- und Armenwesen der Juden beschäftigt.

Das Gesetz geht von dem Grundsatze aus, daß jeder im Herzogthum Holstein wohnende Jude Mitglied einer jüdischen religiösen Gemeinde sein muß, und verpflichtet ist, die erforderlichen Beiträge zu leisten, daß aber neue Synagogen nur mit besonderer Allerhöchster Genehmigung errichtet werden können. Ueber die Gemeindeangehörigkeit solcher Juden, an deren Wohnort eine jüdische Gemeinde nicht existirt, entscheidet die Regierung.

Bei jeder Gemeinde (oder bei mehreren zusammen) soll ein Geistlicher angestellt werden, welcher auf Vorschlag der Gemeinde Allerhöchst ernannt wird, und dessen Gehalt von dem König bestimmt, von der Gemeinde aufgebracht wird. Der Oberrabbiner in Altona ist oberer Geistlicher, welchem die übrigen geistlichen Oberen hinsichtlich ihrer Amtsverrichtung und in Sachen, welche den Kultus und die religiösen Ceremonien angehen, untergeordnet sein sollen, vorbehaltlich Allerhöchst zuzulassender Exemtionen. Geistliche Amtshandlungen dürfen nur von den verpflichteten Geistlichen vorgenommen werden.

Jede Gemeinde soll Vorsteher haben, welche sie wählt, und über ihre Organisation, Verwaltung, Budget 2c. Regulative entwerfen, welche der Bestätigung der Regierung unterliegen.

Die Konfirmanden-Prüfung ist für obligatorisch erklärt, und die Zulassung zu allen wichtigen Lebensstellungen von ihr abhängig.

Die Juden können besondere Schulen für sich errichten.

B.

Ist eine einheitliche Regelung wünschenswerth, und im Bejahungsfalle nach welchem Systeme, nach einem der vorhandenen oder einem neuen?

Die vorstehende Auseinandersetzung macht keinen Anspruch auf Vollständigkeit, läßt jedoch die verschiedenen, in Geltung befindlichen Systeme erkennen. Das Einzelne kann aus den in der Anlage I. abgedruckten Gesetzen ersehen werden. Es unterliegt wohl keinem Zweifel, daß die Buntscheckigkeit der Organisationen nicht aufrecht erhalten werden kann, denn diese sind nicht aus inneren Gründen hervorgegangen oder autonom herangewachsen, sondern fast überall Akte positiver Gesetzgebung, um nur irgend eine bestimmte Organisation herzustellen. Die Gesetzgebung ist daher auch nicht gehindert, zu Gunsten allgemeiner Satzungen eine einheitliche Regelung eintreten zu lassen. Keine der Spezialorganisationen beruht auf einem solchen Grunde, daß ihre Abänderung erhebliche Erschütterungen zur Folge haben würde, vielmehr hat dasjenige Moment, welches in der Gesetzgebung als das willkürliche bezeichnet werden kann, überall den größten Einfluß geübt. Hierher rechne ich auch das Preußische Gesetz vom 23. Juli 1847. Alle jene Gesetze gehören einer Zeit an, in welcher die brennenden Fragen der Gesetzgebung hinsichtlich der Juden auf dem Gebiete des öffentlichen Rechts lagen, so daß ihr für jene Zeit wesentlichster Inhalt nicht die Regelung der Gemeindeverhältnisse, sondern die der staatsbürgerlichen Rechte betraf. Inzwischen hat sich die Gesetzgebung geändert; die inneren und äußeren politischen Veränderungen Preußens haben jenen Theil der Gesetze, welcher die staatsbürgerlichen Rechte der Juden betrifft, beseitigt. Insbesondere hat das Reichsgesetz vom 3. Juli 1869 (B. G. Bl. S. 292) die Ueberreste früherer Zeiten weggewischt und die sog. Emancipation der Juden dergestalt durchgeführt, daß eine Gleichstellung der Juden in ihren Rechten und Pflichten mit ihren christlichen Mitbürgern gesetzlich hergestellt ist, ein Resultat, das bei weitem die in England erzielten Erfolge übertrifft. Keines der erwähnten Spezialgesetze ist daher noch in allen seinen Theilen gültig, und bei der weittragenden Bedeutung, welche einzelnen Artikeln der Verfassung gegeben wird, erscheint es auch bei denjenigen Theilen der Gesetze, welche nicht den erwähnten ganz beseitigten staatsrechtlichen Bestimmungen angehören, oft zweifelhaft, ob sie neben der Verfassung gelten können oder nicht; auch passen eine Reihe von Bestimmungen der Gesetze in den annektirten Provinzen nicht mehr auf die in Folge der Einverleibung in Preußen entstandenen Institutionen und Behörden-Organisationen.

Da somit die Gesetze, welche die Juden betreffen, eine nicht aus inneren Gründen hervorgegangene, sondern aus äußeren Gründen veranlaßte Mannigfaltigkeit darlegen, da sie sämmtlich zum Theil aufgehoben, zum Theil durchbrochen sind, und auch soweit sie zweifellos zu Recht bestehen, nicht in die Anschauungen der neueren Zeit über das Verhältniß des Staats zu den Religionsgesellschaften passen, auch theilweise in die geänderten thatsächlichen Verhältnisse sich nicht einfügen, daher Unsicherheit und Zweifel erzeugen, so erscheint der Erlaß eines allgemeinen Gesetzes wünschenswerth und möglich, welches einheitliche Normen zur Geltung bringt, die staatliche Aufsicht erleichtert, und klare Bestimmungen über das geltende Recht giebt. Das Gesetz kann sehr wohl so eingerichtet werden, daß es für größere und kleinere Gemeinden paßt, wenn es sich nur darauf beschränkt, den Rahmen für ein geordnetes Gemeindeleben festzustellen.

Vorausgesetzt, daß man eine einheitliche Regelung wünscht, so frägt sich zunächst, nach welchem Prinzipe sie erfolgen soll.

Gegenüber der Thatsache, daß Gemeindeorganisationen bereits bestehen und Erfreuliches geleistet haben, daß auch die willkürlichen Einrichtungen Wurzeln geschlagen haben und Mannigfaches auf ihnen begründet ist, scheint es mir unmöglich, dies gänzlich zu ignoriren und aus irgend einem Gesichtspunkte heraus lediglich nach dem theoretisch besten Systeme zu fragen; vielmehr scheint es nothwendig, zu prüfen, ob nicht eine der vorhandenen Organisationen den allgemeinen Erfordernissen genügt und werth ist, mit oder ohne Veränderungen verallgemeinert zu werden. Ergäbe sich, daß letzteres der Fall ist, so hätte man bereits ein erprobtes System vor sich und brauchte nicht in das Ungewisse zu steuern.

Es scheint mir nun, daß glücklicherweise das System, welches in dem weitaus größten Theile der Monarchie bereits gilt, sehr wohl zur Verallgemeinerung sich eignet, und mit einigen Aenderungen sich auch mit den neueren geschärften Anforderungen an die individuelle Freiheit vereinbaren läßt.

Aus der unter A. gegebenen Darstellung erhellt, daß in den alten sowie in den annektirten Provinzen bereits der Grundsatz durchgeführt ist, daß alle Juden zu bestimmten, unter Mitwirkung der Staatsbehörde umschriebenen Gemeinden gehören müssen, und diese Gemeinden Korporationsrechte haben. Es würde daher die Beibehaltung und Verallgemeinerung dieses Prinzips nirgends eine Neuerung herbeiführen. Gerade dieses Prinzip jedoch wird von manchen Seiten aus dem Gesichtspunkte eines Gewissenszwanges angefochten, und es muß daher einerseits geprüft werden, ob denn ein anderes System überhaupt möglich, und sodann ob der Vorwurf berechtigt ist, und wenn er es ist, inwieweit dem Uebelstande abgeholfen werden kann, ohne überwiegende Vortheile zu opfern.

Viele, an das Bestehende in unserem Vaterlande gewöhnt, leugnen die Möglichkeit einer Organisation, welche nicht auf dem Grundsatze der sog. Zwangsgemeinden beruht. Dies ist keineswegs zuzugeben, denn nicht nur bestanden Gemeinden ohne alle gezwungene Mitgliedschaft vor Einführung der ad A erwähnten Gesetze, sondern auch andere Länder beweisen die Möglichkeit von Ordnungen ohne Zwang. Es wird von Interesse sein, eines dieser Länder näher in der angegebenen Richtung ins Auge zu fassen, ich meine England.

Dort beruht Alles, was die Gemeinschaft der Juden angeht, auf Freiwilligkeit (Voluntarism) und Vertrag derjenigen, welche sich betheiligen. Nachdem die Juden im dreizehnten Jahrhundert durch Gesetz aus England vertrieben waren, kehrten sie zur Zeit der religiösen Wirren unbeachtet ins Land zurück, und verblieben dort unangefochten in Folge der wohlwollenden Gesinnung der leitenden Staatsmänner, welche das noch immer gültige Austreibungsgesetz nicht von Amtswegen zur Anwendung brachten, so daß es allmälig in desuetudinem verfiel. Zunächst trat in der City von London eine Portugiesische Gemeinde zusammen, welche im Jahre 1656 eine Synagoge gründete und aus ihrer Mitte namentlich zu dem Zwecke Deputirte wählte, um die gemeinsamen Angelegenheiten zu besorgen und zu verhüten, daß nicht durch unbesonnene Handlungen Einzelner die Anwendung der strengen noch gültigen Gesetze gegen Alle herbeigeführt werde. In einem act of parliament aus dem Jahre 1723 finden sich die Juden als British subjects anerkannt; es wird bei einem Eide den Juden erlaubt die Worte: „on the faith of a christian“ fortzulassen.

Mit der Zeit wuchs in der Hauptstadt die Zahl der Juden, und diese konnten nicht mehr wie früher in der Gegend ihrer ersten Synagoge zusammenwohnen, sondern vertheilten sich auch auf die übrigen Flecken, welche allmälig in den Bereich Londons gezogen wurden; namentlich fand sich in jüngster Zeit eine beträchtliche Anzahl im Westend (dem fashionablen Viertel) zusammen.

Es entstanden in der Hauptstadt mehrere Synagogen, von welchen drei, die Great Synagogue, die New Synagogue und die Hambro Synagogue, unter sich auf dem Vertragswege in Verbindung traten. Erst in neuester Zeit wurde eine engere Verbindung mit Erfolg bewirkt und auf einige andere Londoner Synagogen ausgedehnt, und demnächst von diesen verbundenen Gemeinden den Charity Commissioners for England and Wales ein Gesetzesvorschlag unterbreitet, welcher, von diesen befürwortet, die Sanktion der gesetzgebenden Faktoren erhielt. Es ist dies der am 14. Juli 1870 ergangene Act for confirming a Scheme of the Charity Commissioners for the Iewish United Synagogues (33 und 34 Vict. Chapter CXVI.). Diese genehmigte Unionsakte zwischen 5 in London befindlichen Synagogen (zu denen die Portugiesische Gemeinde nicht gehört, welche von allen diesen Bewegungen sich fern hielt) bestimmt in Kurzem Folgendes: Alle früheren Vereinbarungen unter ihnen werden aufgehoben (§ 1); sie bilden eine Vereinigung unter dem Namen „The United Synagogue“ (§ 2). Andere Synagogen können beitreten (§ 3). Zweck der Institution ist die Aufrechterhaltung, Errichtung und Förderung von Gotteshäusern in London für Juden nach Deutschem und Polnischem Ritus, die Beschaffung von Begräbnißplätzen, die Armenunterstützung, die Beschaffung von Mitteln in Verbindung mit anderen jüdischen Körperschaften zum Zwecke der Erhaltung eines „Chief Rabbi“ und anderer Geistlicher (des Ecclesiastical Board) und solcher milden Anstalten, welche mit der jüdischen Religion zusammenhängen (§ 5). Der Gottesdienst in jeder der vereinigten Synagogen soll nach Polnischem oder Deutschem Ritual sein (§ 6). Die leitende Körperschaft heißt „die Gemeinde-Versammlung (Vestry) der vereinigten Synagogen“ und besteht aus den beiden Vorstehern jeder Gemeinde, 2 Kassirern der vereinigten Synagogen, den 2 Aufsehern über die Armen derselben, den 2 Kassirern des Begräbnißvereins derselben, allen Personen, welche die letzterwähnten drei Aemter oder die Präsidentschaft oder Vicepräsidentschaft der vereinigten Synagogen ausgeübt oder statt der Ausübung eine Geldbuße erlegt haben, endlich aus

Mitgliedern der vereinigten Synagogen, welche jährlich in einer Versammlung der betreffenden Mitglieder der einzelnen Synagogen so gewählt werden, daß auf je 50 Inhaber von Synagogensitzen 1 Deputirter gewählt wird (§ 7). Vorübergehend giebt es noch einige lebenslängliche Mitglieder (§ 8). Die Versammlung wählt 2 Kassirer und 2 Armenaufseher. Dies sind Ehrenämter (§ 9). Außerdem wählt die Versammlung 7 Aelteste (§ 10).

Die Vorsteher jeder der vereinigten Synagogen, die gewählten 2 Kassirer, 2 Armenaufseher und 7 Aelteste bilden das Exekutivcomité unter dem Namen „The Committee of the United Synagogue". Der Präsident oder sein Stellvertreter leitet alle Versammlungen der Vestry und des Committee, und hat die Oberaufsicht über alle Geschäfte der United Synagogue und die von ihr abhängigen milden Stiftungen und Anstalten (§ 14). Die Kassirer haben Einnahmen und Ausgaben der United Synagogue und ihrer Dependentien zu überwachen, mit Ausnahme alles dessen, was den Begräbnißverein betrifft (§ 15).

Die Vestry wählt nach bestimmten Grundsätzen ein Finanzcomité (§ 16) und ein Armencomité (§ 19) zur Unterstützung der gewählten Ehren-Beamten.

Außerdem soll ein besonderer „Begräbnißverein der vereinigten Synagogen" bestehen, dessen Konstitution durch die Vestry bestimmt und welcher von ihr kontrollirt wird. Es soll hinsichtlich des Platzes der Beerdigung kein Unterschied zwischen den durch Extrabeiträge privilegirten Mitgliedern der United Synagogue und anderen, vorbehaltlich erworbenen spezieller Rechte, bestehen (§ 21—25).

Die Synagogen, Begräbnißplätze und andere den vereinigten Synagogen gehörigen Ländereien werden von den durch die einzelnen Synagogen bestimmten Trustees (Kuratoren) verwaltet, vermiethet, verpfändet, verkauft; diese dürfen jedoch nur verkaufen, wenn sie durch einen Beschluß der Vestry dazu ermächtigt sind. Der Dritte ist aber gesichert, wenn er von den Trustees gekauft hat (§ 28).

Es folgen dann Bestimmungen über die Forderungen und Schulden der einzelnen Synagogen und deren Uebertragung auf die Körperschaft der United Synagogue, die Befugniß der letzteren, Geschenke und Legate anzunehmen, Trustees zu ernennen, Beamte anzustellen, ihr Gehalt zu normiren, ferner die Verpflichtung der einzelnen beigetretenen Synagogen, für sich und ihre spezielle Verwaltung einen board of management (einen Verwaltungskörper) durch bestimmte Wahl herzustellen, welcher das Budget derselben der Vestry jährlich vorlegt, und geringere Vacanzen im Beamtenpersonal seiner Synagoge selbstständig besetzt, den

Preis der Synagogenplätze bestimmt, Prediger zuläßt, Reglements (byelaws) erläßt, jedoch überall der Kontrolle der Vestry unterliegt; endlich die Vorschrift (§ 63), daß jede Synagoge oder gottesdienstliche Vereinigung von Polnischem oder Deutschem Ritual, welche in London oder seiner Nachbarschaft ihren Sitz hat, dem Vereine der United Synagogue durch Beschluß beitreten kann, daß jedoch die Vestry, wenn sie zur Acceptation des Beitritts bereit ist, einen Beschluß aller privilegirten Mitglieder der United Synagogue herbeiführen soll. Ist eine solche Synagoge aufgenommen, so erhält sie dadurch alle Rechte und Pflichten der konstituirenden Synagogen.

Die Vestry kann auch mit Genehmigung der privilegirten Mitglieder der United Synagogue neue Synagogen mit gleichen Rechten wie die konstituirende errichten (§ 64).

Stimmberechtigt sind in allen Fällen nur Personen, welche mit ihren Beiträgen nicht über 1 Jahr im Rückstande sind und einen Sitz in einer der vereinigten Synagogen haben.

Die United Synagogue unterstützt die Armen, welche Mitglieder der constituirenden Synagogen sind, deren Wittwen, Kinder und Enkel, wenn die Kinder und Enkel im Falle der Verheirathung von einem ihrer Beamten oder einem Beamten der vereinigten Synagogen getraut worden sind, andere Personen nur nach Beschluß im einzelnen Falle (§ 65).

Aenderungen dieses Statuts können nur durch die Vestry in Verbindung mit Delegirten der einzelnen Synagogen beschlossen werden (§ 67). In Zweifeln über die Anwendung des Statuts kann die Vestry sich an die Charity Commissioners for England and Wales um Deklaration wenden, welche, wenn sie gegeben wird, entscheidend ist.

In der Gründungsurkunde vom 13. Januar 1871, in welcher die unirten Synagogen sich auf Grund jener Acte constituirten und sie als verbindlich anerkannten, ist dem Chief Rabbi eine beinahe bischöfliche Macht eingeräumt; es ist dort unter Anderem bestimmt (ad 3), daß die Form des Gottesdienstes und die religiösen Gebräuche in den constituirenden Synagogen, so wie alle Gegenstände, welche mit der religiösen Verwaltung zusammenhängen, unter der Oberaufsicht und Kontrolle des Chief Rabbi stehen sollen, daß die boards of management nur mit Genehmigung des Chief Rabbi die Erlaubniß zu predigen in ihren Synagogen geben können und nur mit dessen Genehmigung andere als bereits angestellte Beamte religiöse Acte in den einzelnen Synagogen vornehmen können (ad 6), daß Kandidaten zu religiösen Aemtern von der Vestry und den boards of management nur ernannt werden können, wenn der Chief Rabbi sie als geeignete Personen bezeichnet (ad 7 und 9), daß die Vestry sich bei der Wahl des Chief Rabbi und anderer Personen, welche theilweise von der United Synagogue, theilweise von anderen Körperschaften honorirt werden, mit jenen über den Modus der Wahl und alles Sonstige einigen soll (ad 8), endlich daß die Vestry die Inhaber von Synagogensitzen zu den Kosten der Armenunterstützung und zu den allgemeinen Kosten der Vereinigung nach Verhältniß der Miethe, welche sie für die Sitze zahlen, einschätzen soll (ad 10), daß neuerrichtete Synagogen durch den Chief Rabbi oder mit dessen Sanktion eingeweiht werden sollen (ad 11).

Der besondere Beerdigungsverein legt seinen Mitgliedern Taxen nach Verhältniß des Miethswerths ihrer Synagogensitze auf, und gewährt ihnen dafür unentgeltlich den Beerdigungsplatz und religiöse Dienste, welche in Todesfällen verlangt werden; die Zusammensetzung seiner Verwaltung ist besonders geregelt; jeder Synagogen-Vorstand wählt ein Mitglied und die General-Versammlung die übrigen. Der Sekretair der United Synagogue ist der Sekretair des Beerdigungs-Vereins. Der Ueberschuß gelangt an die United Synagogue und ein etwaiges Manco wird von ihr gedeckt; möglichst soll der Verein sich selbst erhalten.

Neben den vorstehend gedachten Institutionen und ganz getrennt von ihnen hat sich eine andere Körperschaft gebildet, „the Board of Deputies“, dessen Constitution zuletzt durch Act vom 23. Januar 1871 revidirt ist. Demselben gehören gegenwärtig 9 Londoner und 19 Provinzial-Synagogen an, von denen die ersteren 20 und die letzteren 20 Mitglieder deputirt haben. Zur Zeit präsidirt Sir Moses Montefiore, welcher durch seinen persönlichen Einfluß und die großen Opfer, die er bei Gelegenheit verschiedener Judenverfolgungen im Auslande brachte, dem Board Ansehen im In- und Auslande gebracht und ihn bekannt gemacht hat. Der Gründungsakt bestimmt, daß der Board aus den Deputirten der verschiedenen jüdischen Kongregationen in England und Wales, welche einen attestirten Sekretair haben, und in Irland, Schottland und den Kanalinseln, welche eine attestirte Synagoge haben, bestehen soll. Der Board soll alle legislativen und munizipalen Handlungen nach der Richtung überwachen, daß kein Eingriff in die religiösen Rechte, Gewohnheiten und Privilegien der Juden geschieht und seine Fürsorge auf Alles erstrecken, was die Interessen, das Wohlergehen und die allgemeine Stellung der Juden im Reiche angeht. Nach dieser Richtung soll er ermächtigt sein, mit der Regierung in Verbindung zu treten. Die Leitung in religiösen Angelegenheiten soll jedoch bei den geistlichen Autoritäten (Behörden) bleiben. Die Londoner Gemeinden können nach Verhältniß ihrer Mitglieder beziehungsweise 5, 3, 2 und 1 Deputirten wählen, jede andere Kongregation 1, oder wenn sie 200 oder mehr Personen haben, welche Sitze in der Synagoge gemiethet haben, 2 Deputirte. Die Deputirten müssen jedoch solche Personen sein, welche in ihren Synagogen beitragen. Die meisten der Provinzial-Deputirten sind in London wohnhaft. Die Wahl findet auf 3 Jahre statt. Vor Ergreifung wichtiger Maßregeln kann der Board den Präsidenten der theilnehmenden Synagogen Mittheilung machen und durch diese den Synagogen-Mitgliedern hiervon Kenntniß geben. Die Kosten des Board werden nach Verhältniß der Zahl der Deputirten von den beigetretenen Synagogen getragen. In der Geschäfts-Ordnung (Standing Bye-laws) findet sich die Bestimmung, daß der Präsident mit Genehmigung des Board dem Registrar-General die Sekretaire der Synagogen als solche attestiren (certifie) kann. — Dies hat die Bedeutung, daß solche Sekretaire öffentliche Urkunden über erfolgte Trauungen, Geburts- und Sterbefälle aufnehmen können, und es nicht nothwendig ist, sich deshalb an den Registrar-General selbst zu wenden.

Wunderbar für einen Ausländer ist es, daß, obschon die ganze Institution des Board lediglich eine freie Vereinigung ist, welcher beizutreten Niemand gezwungen ist, und daß die Regierung auf die Begründung dieses Instituts keinen Einfluß gehabt hat, folglich keinerlei staatliche Sanction für den Präsidenten dieser Vereinigung vorliegt, dennoch dessen Befugniß, gewisse Personen als Sekretaire auch für nicht beigetretene Synagogen mit obiger Wirkung zu certificiren, vom Staate thatsächlich anerkannt wird.

In einem Verzeichnisse aus dem letzten Jahre finden sich 36 Sekretaire für auswärtige Synagogen und 10 für London certificirt.

Ueber die Organisation der Juden in den Provinzen ist mir aller Anfragen ungeachtet keine genügende Auskunft gegeben worden; es scheint, daß insoweit nicht einige Verbindung mit den Londoner Gemeinden, namentlich durch die Abordnung von Deputirten zu dem Board of Deputies, freiwillige Unterwerfung unter die Autorität des Chief Rabbi und Beisteuer zu seinem Gehalte besteht, kein organischer Zusammenhang vorhanden ist. Wie man mir sagte, schließen sich entstehende Gemeinden an die benachbarten im Vertragswege an, und schaffen sich selbst oder durch Beihülfe der Londoner Gemeinden das, was sie zu gottesdienstlichen Zwecken gebrauchen. Auch in London selbst besteht, wie aus dem Vorstehenden erhellt, kein Zwang für den

Einzelnen, einer Synagoge beizutreten. Beerdigungsplätze werden auch an Nichtmitglieder der United Synagogue gewährt, und zwar je nach Lage des einzelnen Falles zu erhöhten Preisen, wenn die Verstorbenen oder ihre Verwandten solvent sind, oder gratis, wenn die Kosten nicht bezahlt werden können. Eine Pflicht zur Beerdigung besteht gegenüber Nichtmitgliedern für die United Synagogue nicht, doch würde die in England so überaus mächtige public opinion eine grundlose Verweigerung auf das Härteste verurtheilen. Allenfalls würde eine jüdische Leiche auf dem Kirchhofe der Staatskirche beerdigt werden müssen und werden.

Die vorstehende Auseinandersetzung ergiebt, daß eine genügende Organisation mindestens für einzelne große Städte möglich ist, ohne den gesetzlichen Zwang zum Beitritt zu einer Gemeinde auszusprechen. Abgesehen von dem mächtigen Drange, welcher die Meisten bestimmt, sich einer religiösen Genossenschaft anzuschließen, gewähren auch äußere Umstände ein Surrogat für diesen gesetzlichen Zwang, ich meine das Bedürfniß, die Amtshandlungen gewisser Religionsdiener und die Dienste der Gemeinschaft bei verschiedenen Vorkommnissen des Lebens zu beanspruchen. Es ist jedoch zu beachten, daß da, wo die Register über die Statusverhältnisse der Juden von staatlichen Behörden geführt werden, im Grunde doch nur höchst selten solche äußere Umstände besonders dringend sind. Für diejenigen, welche mit der in ihrer Gemeinde herrschenden Richtung nicht einverstanden sind, besteht selten ein zwingender Grund, in nähere Berührung mit ihr zu treten. Man sieht daher auch da, wo die Mitgliedschaft obligatorisch ist, nicht selten Personen, welche sich ihr ganzes Leben hindurch von der religiösen Gemeinschaft ihrer Genossen fern halten. Erst bei der Beerdigung tritt dann die Thätigkeit der religiösen Gemeinde ein. In nichtjüdischen Gemeinden herrschen weit stärkere Mittel, welche den Einzelnen an die Gemeinschaft binden. Die größere Freiheit des Individuums bei den Juden bewirkt aber auch, daß die lediglich auf freier Anschließung beruhenden Institutionen verhältnißmäßig machtlos sind. In England selbst klagt man darüber, und auch in London herrscht nicht ein Gemeindeleben, sondern für die einzelnen Bedürfnisse bestehen besondere mehr oder weniger lose Vereinigungen, die auf freiwilligen Beiträgen beruhen, und wegen der Unsicherheit des Bestandes nur ihre speziellen Zwecke nach Maßgabe der vorhandenen Mittel verfolgen können. Auch dort ist die Thatsache wahrnehmbar, daß die Opferwilligen überbürdet sind, und diejenigen, welche kein Herz für allgemeine Interessen haben, von allen Beiträgen sich frei halten. Erfahrene Engländer bezeichnen die vorhandenen Organisationen selbst für London als nicht ausreichend und nicht schöpferisch, aber als dem Genius der Nation, welche durch eigne Thätigkeit den Bedürfnissen gerecht wird und die staatliche Thätigkeit auf ein Minimum zurückführt, entsprechend. Ob dies System in anderen Ländern, in denen das Volk an eine strammere Organisation gewöhnt ist, gleich gut fungiren würde, bezweifeln sie und fürchten, daß die geringere Neigung sich zu vereinigen, freiwillige Steuern zu zahlen, vielleicht auch der geringere Reichthum der sich an den Beisteuern freiwillig betheiligenden Personen, noch schwächere Resultate als in London erzielen würde, besonders wenn man dies System über ganze Ländergebiete verbreiten wollte; sie waren daher der Meinung, daß, wo entgegengesetzte Systeme bestehen, es nicht gerathen sei, diese zu verlassen und Alles der Freiwilligkeit anheimzugeben.

Und dies ist auch meine Meinung. Im Grunde ist das Prinzip der Zwangsgemeinden in Deutschland bisher nicht angefochten worden, und charakteristisch genug ist es, daß es, wie die obige Darstellung ergeben hat, in den verschiedenen Theilen Preußens auf Grund der Akte verschiedener von einander ganz unabhängiger gesetzgebender Faktoren gilt. Man kann daher gewiß nicht sagen, daß es dem Geiste und den Gewohnheiten der Nation widerspricht. Es hat den einzelnen Gemeinden Konsistenz und Leistungsfähigkeit gegeben, sie zu Mittelpunkten der Kultur gemacht, und ein wahres Gemeindeleben erzeugt. Allerdings fehlt auch in Preußen irgend ein Centralpunkt für die gemeinsamen Interessen der Juden; wenn aber erst die Organisationen gleichmäßig durchgeführt sein werden, so wird sich eine lose Verbindung, und einer anderen bedarf es nicht, unter den einzelnen selbstständigen Gemeinden auf freiwilligem Wege herstellen lassen.

Hebt man den gesetzlichen Zwang zur Mitgliedschaft in der Gemeinde auf, so werden zwar, wie nicht zweifelhaft erscheint, die Korporationen in den großen Städten trotzdem, wenngleich geschwächt, fortbestehen, dagegen werden zahlreiche kleinere und ärmere Gemeinden, die auch jetzt nur ein Geringes für ihre Zwecke aufbringen können, zu Grunde gehen. Die Sache liegt nicht ebenso wie bei den Christen, welche nicht nur in den großen Städten, sondern auch in den kleineren Städten und auf dem platten Lande, auch wenn ein Theil der Mitglieder austreten sollte, immer noch in so großer Zahl verbleiben, daß ihre Gemeinden dennoch leistungsfähig sind; außerdem sind Fundationen für Pfarreien vorhanden und bestehen erworbene Rechte auf Leistungen von Geld und Naturalien zur Erhaltung der Kirchensysteme und der Pfarreien. Von alledem ist Nichts für die Juden vorhanden, so daß in manchen Gemeinden schon der Austritt einzelner wohlhabender Männer genügen würde, den Zerfall der äußeren kirchlichen Gemeinschaft herbeizuführen. Mit der Verminderung der Mittel und der verminderten Sicherheit, ob sie bleibend sein werden, würde aber die Möglichkeit schwinden, geeignete Prediger, Lehrer, Sänger zu gewinnen, geordnete Gottesdienste zu halten und den Anforderungen der zahlreichen milden Institutionen, welche vorhanden sind, zu genügen. Nicht leistungsfähige Gemeinden würden keine Kirchhöfe beschaffen können, und damit für sehr viele Kommunen die Pflicht entstehen, solche zu beschaffen, um dem unabweislichen Bedürfnisse der Beerdigung zu genügen.

Zweifelhaft bleibt auch, ob der Staat Korporationsrechte solchen Gemeinden belassen könnte, welche keine Garantie für ihre Dauer bieten. Zu den ungerechtfertigten Gründen, aus denen sich Manche durch den Austritt den Beiträgen entziehen würden, träten dann noch die mehr gerechtfertigten, wenn Spaltungen in den religiösen Anschauungen entstehen oder verschiedene Wünsche sich geltend machen, denen nicht zugleich genügt werden kann; endlich ist auch ein persönliches Element bei der Wahl der Religionsbeamten zu beachten, das sehr leicht zu Zwistigkeiten Anlaß geben kann.

Soll man dieser Gefahr sich aussetzen?

Das in der Anlage II. abgedruckte Verzeichniß ist auf Grund der Angaben der Mehrzahl der Gemeinden aufgestellt, um erkennbar zu machen, wie viele Institute sie begründet haben, welche Alle durch Aufhebung des Prinzips der Zwangsgemeinschaft in ihrem Bestande gefährdet würden. Es erhellt, daß diese staatlich organisirten Gemeinden eine große Kulturaufgabe für einen nicht unbeträchtlichen Theil der preußischen Bevölkerung erfüllen, und daß man nicht leichthin eine so fruchtbringende Organisation zerschlagen kann. Die Beitragspflicht zu den milden Instituten ist sicher keinem Bedenken unterworfen, und deshalb scheint mir, daß die Beitragspflicht im Prinzip aufrecht erhalten bleiben muß. Dem Einzelnen steht ein Einfluß auf die Leitung aller dieser Institute durch sein Wahlrecht zu, und wenn er für seine Meinung die Majorität nicht erlangt, so muß er, wie auf anderen Gebieten, sich der Mehrheit fügen.

Verbleibt man bei dem Prinzipe der Zwangsgemeinden, also bei dem bestehenden Rechte, so scheint mir von den verschiedenen unter A. skizzirten Gesetzen das Preußische Gesetz vom 23. Juli 1847 am geeignetsten, um zum Vorbilde für ein Allgemeines zu dienen. Nicht nur hat es sich für Stadt und Land bewährt, sondern unter allen andern zeichnet es sich durch die Leichtigkeit aus, mit der die Gemeinde-Organisation sich auf die verschiedensten thatsächlichen Verhältnisse anpassen läßt, durch die Autonomie, welche es den Gemeinden verleiht, und durch die relativ größte Enthaltung des Staats von aller Einmischung in die inneren Gemeindeverhältnisse. Daß ich kein blinder Verehrer des Gesetzes bin, wird der Gesetzesvorschlag ergeben, welcher in der Anlage III. gemacht ist.

Die Hannöverschen Verordnungen empfehlen sich nicht zur Grundlage eines Gesetzesvorschlages; sie beruhen auf einem Grundsatze, welcher ein fremdes Element in das Judenthum hineinträgt. Es erscheint hier die Figur des Landrabbiners in einer Bedeutung, wie sie dem Judenthum unbekannt, und soweit meine Kenntniß der einschlagenden Verhältnisse reicht, den Juden durchaus zuwider ist. Die Rabbiner der Juden sind nach der allgemeinen Ansicht und wie der Name sagt: Gelehrte, aber nicht Geistliche. Es besteht nicht die Meinung, daß diesen Personen ein besonderes Mandat oder eine besondere Macht von Gott verliehen sei. Man ist daher gewöhnt, die Rabbiner als Sachverständige in religiösen Dingen, aber nicht als entscheidende Autoritäten kraft einer ihnen von Gott übertragenen Machtbefugniß anzusehen. Mit Recht hat daher die Preußische Verordnung vom 23. Juli 1847 im § 51 dem Vorstande und der Repräsentanten-Versammlung, also der Laienvertretung (wenn man innerhalb des Judenthums von Laien sprechen will), die auf den Kultus bezüglichen inneren Einrichtungen übertragen. In den Statuten mehrerer Gemeinden ist aber Vorsorge getroffen, daß solche Einrichtungen nicht ohne Anhörung der angestellten Rabbiner erfolgen können. Die Entscheidung bleibt in den Händen der Gemeindebehörden. Die hannöverschen Verordnungen dagegen stellen den Landrabbiner als Aufsichtsinstanz über die Gemeindebehörden und die Gemeindebeamten, geben ihm sogar eine mäßige Strafgewalt gegen die Beamten, unter Umständen auch gegen Gemeinde-Mitglieder, und gestatten dem Landrabbiner sogar Eingriffe in die einzelnen jüdischen Familien. Die einzelnen Befugnisse des Land-Rabbiners sind in der oben ad A. gegebenen Skizze hervorgehoben; sie lassen erkennen, daß der Landrabbiner mit einer hierarchischen Gewalt ausgestattet ist und das Mittelglied zwischen den Gemeinden und dem Staate bildet. Ja sogar die Leitung der größeren Armen-Verbände, welche doch Nichts mit religiösen Akten zu thun haben, ist ihm übertragen. Wohin diese hierarchische Gewalt führt, ist aus der auf Antrag der Landrabbiner erlassenen Synagogen-Ordnung zu ersehen, welcher sich kein in den altpreußischen Provinzen erwachsener Jude unterwerfen würde. Diese Ordnung enthält die schreiendste Einmischung der Staatsgewalt in rein religiöse Dinge, und erhöht die Macht des Landrabbiners so, daß kein irgend welcher Fortschritt im Kultus ohne seine Einwilligung stattfinden kann. Man sieht leicht ein, daß hiermit ein Prinzip der Stagnation geschaffen ist, welches jedem Fortschritte die größten Hindernisse entgegenstellt. Eine solche geistliche Gewalt ist dem Judenthum fremd, und wird sich niemals in demselben einbürgern.

Wegen des gerügten Mangels in der Anlage des Gesetzes und wegen der Besonderheit, daß die Gemeindeverwaltung nicht wie in Altpreußen alle Zweige der Gemeindethätigkeit umfaßt (also z. B. die Armenpflege nebenbei besonders geregelt ist), endlich weil die Organisation in der Regel auf kleinere Verhältnisse berechnet ist (und in der That sind offenbar leistungsunfähige Gemeinden von einer Familienzahl, die bis zu drei hinuntergeht, gebildet), eignen sich jene Hannöverschen Verordnungen nicht zur Grundlage für ein gemeinsames Gesetz.

Ebensowenig ist dies bei den Kurhessischen Verordnungen der Fall, welche neben dem Uebelstand, eine vollständige Hierarchie (die Unterordnung der Rabbiner unter die Landrabbiner) zu schaffen, noch eine staatliche letzte Instanz für die Angelegenheiten der Juden in dem landesherrlichen Kommissar einsetzen, und außerdem einer hierarchischen Behörde, dem Landrabbinat, die Oberaufsicht über den gesammten Gottesdienst und den Religionsunterricht beilegen. Dies ist eine Art Konsistorial-Verfassung, welche in jüdische Angelegenheiten importirt worden ist. Für die Juden besteht weder ein Bedürfniß noch ein Wunsch, einen höheren Kirchenrath zu besitzen; eine solche Behörde würde bei ihnen nichts Gutes schaffen, und in ewigem Hader mit den einzelnen Gemeinden liegen; keiner geistlichen Macht in ihren religiösen Angelegenheiten unterworfen, da sie nach ihren Satzungen allenfalls ganz ohne Rabbiner fertig werden können, würden die Juden es nicht verwinden können, sich den Dezisionen einer geistlichen Behörde fügen zu müssen. An eine freiwillige Unterwerfung ist nicht zu denken.

Sowenig wie die besprochenen hierarchischen Organisationen eignet sich die büreaukratische Einrichtung der Nassauer Gemeinden zur Verallgemeinerung; sie scheint mir mit den Grundsätzen der Preußischen Verfassung (Art. 15) unvereinbar, wonach jede Religionsgesellschaft ihre Angelegenheiten selbstständig zu ordnen und zu verwalten hat. Nach jener Nassauer Verordnung greift der Staat überall ein, und ist der eigentliche Verwalter der Gemeinde, nur übt er die geringeren Akte der Verwaltung durch den von ihm ernannten Vorsteher aus. Dieses System wird, wie ich annehme, keinen oder so wenig Vertheidiger finden, daß ein näheres Eingehen auf dasselbe überflüssig erscheint.

Das Frankfurter Reglement ist ersichtlich nur für eine Stadt, nicht für einen großen Staat brauchbar, auch in sich jetzt zerfallen. Ursprünglich eine klare Organisation mit einem Senatskommissär an der Spitze der Verwaltung, welcher die Sitzungen des Vorstandes leitete und alle Beschlüsse desselben zu sanktioniren hatte, also geradezu eine staatliche Leitung der Juden-Angelegenheiten, ist sie dadurch zerstört worden, daß, nachdem die Meinung von der Unmöglichkeit einer solchen Konstruktion durchdrang, man einfach den Kopf abschnitt, d. h. den Senatskommissär beseitigte. Dies verbesserte aber nicht, sondern verschlechterte die Sache, und nöthigte nach einigen Jahren zur Wiedereinführung eines Senatsbevollmächtigten, welcher im Wesentlichen den früheren Senatskommissär ersetzt. Die Preußische Regierung, welche bei der Annexion diesen Zustand vorfand, erklärte ihren guten Willen, die inneren Angelegenheiten der Gemeinde möglichst ihrer Autonomie zu überlassen. Das Reglement aber hindert eine freie Selbstbestimmung und ist deshalb zu beseitigen, nicht aber auf andere Territorien zu erstrecken.

Das in Holstein geltende Gesetz leidet zwar nicht an diesem Uebelstande, ist aber, durch die Einmischung des Staats in rein religiöse Dinge und die Organisation der Geistlichkeit, ungeeignet, als Muster für eine die gesammten Juden in Preußen umfassende Einrichtung zu dienen. Eine Ueber- und Unterordnung von Geistlichen ist dem Judenthum unbekannt, weil es keine Geistlichen hat; die Rabbiner genießen eben das Ansehen, welches sie sich verdienen; ihr Amt verleiht ihnen kein solches, sondern giebt ihnen nur die Gelegenheit, sich das Ansehen und den Einfluß zu erwerben. Der Grad ihres Ansehens ist daher individuell. Manche erfreuen sich des höchsten Ansehens, andere bleiben unbeachtet.

Aus den angegebenen Gründen sind die in der Anlage III. gegemachten Gesetzesvorschläge auf der Grundlage des Preußischen Gesetzes vom 23. Juli 1847 aufgebaut.

C.

Welche erhebliche Aenderungen dieses Gesetzes erscheinen wünschenswerth?

Ist man in Folge der erörterten Gesichtspunkte auch geneigt, das Prinzip der Zwangsgemeinden aufrecht zu erhalten, so muß doch zuvor noch die weitere Frage geprüft werden, ob es etwa einen Gewissenszwang enthält, und wenn dies der Fall ist, inwieweit das Prinzip gemildert werden kann.

Einige behaupten, ein Gewissenszwang läge nur dann vor, wenn der Einzelne irgendwie genöthigt werde, eine bestimmte Ueberzeugung zu äußern, die er nicht hat, oder sich an religiösen Akten zu betheiligen, deren Formen seiner religiösen Ueberzeugung nicht entsprechen. Da Alles dies im Judenthume nicht vorkomme, und Zwangsmittel zur Betheiligung an gottesdienstlichen oder sonstigen religiösen Handlungen im Wesentlichen nicht beständen, so könne von einem Gewissenszwang nicht die Rede sein; nur ein Steuerzwang, das heißt die Pflicht, zu gemeinsamen Institutionen beizutragen, bestehe, und dieser Zwang rechtfertige sich ebenso wie der Schul- und Militairdienstzwang, der Zwang, zu den Bedürfnissen des Staats und der Kommunen beizutragen, auch wenn die von dem Staat und den Behörden getroffenen Maßregeln sich nicht des Beifalls des Einzelnen zu erfreuen hätten.

Andere dagegen finden allerdings einen Gewissenszwang darin, zur Begründung und Erhaltung religiöser Institutionen beitragen zu müssen, welche ihrer Meinung nach nicht so eingerichtet sind, wie sie es nach ihrer Auffassung von den religiösen Vorschriften hätten sein sollen.

Es kann meines Erachtens von dem Gesetzgeber nicht objektiv entschieden werden, ob ein Gewissenszwang vorliegt, oder nicht, vielmehr ist schon die Ueberzeugung, man sei in seinem Gewissen bedrückt, möglichst von ihm zu achten und zu schonen, auch wenn sie aus unrichtigen Annahmen oder Vorurtheilen hervorgegangen ist. Wenn der Orthodoxe alles Andere für ketzerisch hält, so nützt es Nichts, ihm vom liberalen Standpunkte aus klar zu machen, daß es so und anders sein könne. Er hält dies eben nicht für zulässig. Wenn man aber auch schonend verfahren soll und kann, so muß man doch auch die Berücksichtigung der individuellen Ueberzeugungen nicht übertreiben, wozu unsere Zeit geneigt ist;

nicht jegliche abweichende Meinung eines Einzelnen rechtfertigt die Auflösung aller Zwangsverbände, nur um diesem Einzelnen nicht zu nahe zu treten. Eine solche Uebertreibung löst alle staatlichen Bande; erst dann, wenn die Meinung des Einzelnen Genossen gefunden und sich durch die That als auf ernster Ueberzeugung beruhend bewährt hat, verdient sie Beachtung.

Mir scheint daher, daß, um dieser theoretischen Voraussetzung und dem praktischen Bedürfnisse zu entsprechen, nur der Fall ins Auge zu fassen ist, daß in einer Gemeinde sich bestimmte Vereinigungen zur Herstellung besonderer Gottesdienste gebildet haben.

Dieser Fall allein hat in einigen größeren Städten praktische Bedeutung erlangt, denn die Thatsache steht fest, daß innerhalb größerer Synagogenbezirke sich liberale oder orthodoxe Verbände zur Herstellung eines besonderen Gottesdienstes gebildet haben, so in Berlin, Breslau, Posen, Wiesbaden rc. Nur in drei Orten in Preußen sind meines Wissens besondere Synagogen vorhanden, welche vollständig getrennt von der territorialen Gemeinde bestehen.

Zeigt sich die Meinung einer Anzahl von Gemeindemitgliedern so intensiv, daß diese, um nicht an dem von der Gemeinde eingerichteten Gottesdienste Theil zu nehmen, sich einen besonderen Gottesdienst dauernd einrichten, so muß man annehmen, daß jene Männer von einem ernsten und genügend starken religiösen Gefühle geleitet worden sind, um ihm Beachtung zu schenken.

In einem solchen Falle erscheint es billig, ihnen einen Rechtsanspruch darauf zu gewähren, daß derjenige Theil der Beiträge, welcher nach annähernder Schätzung von ihnen für den Gottesdienst gezahlt wird, ihnen auch zurückerstattet werde, da sie für diesen Theil ihrer religiösen Bedürfnisse selbst sorgen. Aehnliches könnte auch im Falle der Begründung selbstständiger Begräbnißplätze oder Religionsschulen geschehen.

Weiter aber, so scheint es mir, kann man nicht gehen, und braucht man auch nicht zu gehen, weil kein praktisches Bedürfniß sich gezeigt hat. Es ist wohl zu beachten, daß die bestehenden Synagogengemeinden nicht blos den Gottesdienst, sondern zahllose andere wohlthätige Institute unterhalten und gemeinsame Aufgaben zu erfüllen haben.

Eine weitere Milderung, welche bereits im Gesetze vom 23. Juli 1847 für solche Juden vorgesehen ist, welche entfernt vom Mittelpunkte des Synagogenbezirks wohnen, könnte in analoger Weise wie oben vorgeschlagen stattfinden.

Auf diesem mittleren Wege würde die hergebrachte feste Organisation, welche einmal den Wünschen und Neigungen unserer Nation entspricht, und den Juden gegenüber den mächtigeren christlichen Kirchenorganisationen einen festen Halt gegeben hat, aufrecht erhalten bleiben, und doch andererseits das Mögliche geschehen, um abweichenden religiösen Ueberzeugungen genügenden Spielraum zu gewähren.

Der künstliche Weg, welcher zur Erledigung religiöser Differenzen in den §§ 53—57 des Gesetzes vom 23. Juli 1847 eingeschlagen worden ist, hat sich als unpraktisch erwiesen; mir ist wenigstens kein Fall ihrer Anwendung bekannt geworden. Auch wird man bei den veränderten staatsrechtlichen Grundsätzen über die Stellung der Staatsregierung zu religiösen Wirren nicht mehr daran denken können, den Ministern die letzte Entscheidung über deren Schlichtung einzuräumen.

Ungeregelt bleibt bei diesem Vorschlage freilich die Lage der Mitglieder, welche zu besonderen Gottesdiensten sich vereinigt, besondere Kirchhöfe, Religionsschulen 2c. errichtet haben; indeß glaube ich kaum, daß dem Uebelstande abzuhelfen ist, so lange nicht die vom Reichstag in Angriff genommene Regelung der Vereine überhaupt erledigt ist. Es ist nicht möglich, jeder beliebigen, vielleicht gar nicht lebensfähigen Vereinigung mit nicht gesichertem Mitgliederbestande Korporationsrechte, oder auch nur die geringeren Rechte einer juristischen Person zu geben. Ich weiß sehr wohl, daß dies viele Unzuträglichkeiten veranlaßt, daß die Aktiv- und Passivlegitimation bei diesen Vereinen mit wechselnden Mitgliedern schwer festzustellen, daß der Erwerb von Grundstücken und Rechten immer nur durch Vermittelung von Vertrauensmännern (Trustees) herzustellen ist, daß durch Todesfälle und andere Umstände manchesmal große Wirrnisse entstehen können, — indeß unüberwindlich sind die Schwierigkeiten nicht, wie die Erfahrung beweist; große Mißbräuche sind glücklicherweise nicht zur Erscheinung gekommen, und jedenfalls ist es unmöglich, die große Frage des Vereinsrechts hier so nebensächlich zu regeln, zumal sie gerade für die religiösen Verbindungen wegen der mehrfachen staatsrechtlichen Rücksichten der schwierigste Theil der ganzen Aufgabe ist. Es bleibt Nichts übrig, als zur Zeit diesen Vereinen anheimzugeben, durch gute Verträge und Statuten sich gegenüber den beitretenden Mitgliedern und dritten Personen zu sichern, und durch ausreichende Vollmachten die Geltendmachung ihrer Rechte zu erleichtern.

Eine zweite erhebliche Aenderung, welche an dem Preußischen Gesetze zu machen ist, beruht in der Beseitigung des obrigkeitlichen Eingriffs in die inneren Angelegenheiten, eine Konsequenz des Art. 15 der Verfassungsurkunde (Gesetz vom 5. April 1873). Es liegt kein Grund vor, das Wahlgeschäft bei konstituirten Gemeinden durch einen

Abgeordneten der Regierung leiten und eine Bestätigung der Vorstandswahlen oder der Kultusbeamten durch dieselbe eintreten zu lassen (§§ 42, 43, 52). Gleich wenig bedarf es der Befugniß der Repräsentanten, Vernachlässigungen und Pflichtverletzungen des Vorstandes der Regierung zur Untersuchung und Verfügung anzuzeigen (§ 46), oder einer Entscheidung der Regierung über Streitigkeiten zwischen den Gemeindebehörden (§ 47 i. f.), noch der Genehmigung der ersteren zu gewissen Gemeindebeschlüssen (§ 48), noch der clausula generalis des § 49, welche jede ungerechtfertigte Einmischung deckt. Für alles das, was hier durch die Einmischung der Regierung bewirkt werden soll, lassen sich — wie der Gesetzentwurf Anlage III. ergiebt — andere Vorkehrungen treffen, welche der Autonomie der Gemeinden mehr entsprechen. Das Auskunftsmittel, welches in anderen Ländern versucht ist und sich zunächst der Berücksichtigung darbietet, eine General-Versammlung der stimmfähigen Mitglieder entscheiden zu lassen, ist hauptsächlich aus dem praktischen Grunde nicht vorgeschlagen, weil bei den zahlreichen Mitgliedern, die nach Tausenden zählen, oft auch in weiten Kreisen zerstreut sind, jene Versammlungen, wenn schwach besucht, in Wahrheit kein Bild von der Stimmung der Masse der Berechtigten abgeben, und wenn stark besucht, kaum zu lenken und zu einer gehörigen Erörterung zu bringen wären. Mir scheint, daß sie eher zu Mißhelligkeiten als zur Versöhnung führen würden, und daß eine genügende Information der Massen über einzelne Fragen, wenn denselben die Kenntniß der ganzen Lage der Verwaltung nicht beiwohnt, kaum ausführbar sein würde. Hierzu tritt noch das Bedenken, Massen entscheiden zu lassen, welche für den Erfolg der Beschlüsse ohne auch nur moralische Verantwortlichkeit bleiben. Es ist daher versucht worden, andere Garantien gegen übereilte oder ungerechtfertigte Anordnungen der Repräsentanten zu finden.

Einer Bestätigung der Statuten durch die Ober-Präsidenten (§ 50) bedarf es nicht. Dagegen ist nicht nur die erste Einrichtung der Organisationen, wo sie fehlen, in die Hand der Regierung gelegt, sondern ihr auch — was sich m. Er. in gleicher Weise für commercielle Gesellschaften empfiehlt — ausdrücklich im Entwurfe das Recht beigelegt, Stockungen im Organismus, welche eintreten können, zu beseitigen, hauptsächlich dadurch, daß sie gesetzmäßige Wahlen veranlaßt.

Die allgemeine staatliche Oberaufsicht braucht und kann im Gesetze nicht besonders definirt werden.

Besonders zu erörtern bleibt der § 58, welcher den Grundsatz enthält, daß die Heberollen von der Regierung für vollstreckbar erklärt und dann die Beiträge im Verwaltungswege eingezogen werden sollen. Mir ist kein Fall in Altpreußen bekannt, in denen die von der Gemeinde aufgestellten Heberollen nicht für vollstreckbar erklärt worden wären, woraus sich schließen läßt, daß diese Erklärung entbehrlich ist. Auch meine ich, daß die Einziehung der Beiträge im Verwaltungswege keine große praktische Bedeutung erlangt hat. In Berlin sind, obschon gerade dort sich mehrere religiöse Vereinigungen im Gegensatz zur Hauptgemeinde gebildet haben, wegen rückständiger Gemeindebeiträge etwa 20 Exekutionen jährlich beantragt und nur ein Theil derselben durchgeführt worden. Letzteres geschah fast nur in solchen Fällen, in denen es sich um die Entscheidung eines Prinzips handelte. Dagegen läßt sich nicht leugnen, daß die Möglichkeit der Exekution in vielen Fällen eine Steuerverweigerung verhindert haben mag. Und eben aus diesem Grunde möchte es sich empfehlen, jene Vollstreckbarkeit, sei es auf gerichtlichem oder Verwaltungswege, beizubehalten. Will man aber den Rechtsweg, welcher im Gesetze bereits wegen Ueberbürdung den Einzelnen eröffnet ist, zulassen, so muß man auch dafür sorgen, daß allgemeine Normen für die Einschätzung statutarisch festgestellt werden, sonst ist das Recht nicht geltend zu machen (vgl. § 15 des Gesetzentwurfs).

In einer anderen Richtung bedarf das Gesetz vom 23. Juli 1847 einer Ergänzung. Der Art. 18 der Verfassungsurkunde (Gesetz vom 5. April 1873) bestimmt, daß „das Gesetz die Befugnisse des Staats hinsichtlich der Vorbildung, Anstellung und Entlassung der Geistlichen und Religionsdiener, und die Grenzen der kirchlichen Disziplinargewalt feststellt." Die letztere kann außer Betracht bleiben, da sie bei den Juden kaum bekannt, per desuetudinem auch in dem mäßigen Umfange, in dem sie überhaupt bestand, abgeschafft, und nur in einzelnen der annektirten Provinzen durch die citirten Gesetze eingeführt ist. Durch den Wegfall dieser Gesetze hört jede Spur von geistlicher Disziplinargewalt auf; es ist daher kaum anzunehmen, daß das Gesetz vom 12. Mai 1873 über die Grenzen des Rechts zum Gebrauche kirchlicher Straf- und Zuchtmittel, welches für alle Religionsgesellschaften gilt, bei den Juden, jemals praktische Anwendung finden wird.

Dagegen wäre es, wenn auch nicht unabweislich nothwendig, doch vielleicht zweckmäßig, in ersterer Beziehung, d. h. hinsichtlich der Vorbildung der jüdischen Religionsdiener, diejenigen Vorschriften aus dem Gesetze über die Vorbildung und Anstellung der Geistlichen vom 11. Mai 1873 auf die jüdischen Rabbinen und Prediger zu übertragen, welche aus dem Gesichtspunkte hervorgegangen sind, ein System nationaler Bildung und Erziehung aufrecht zu erhalten. Nach dieser Richtung empfehlen sich Bestimmungen, welche die erforderliche wissenschaftliche Bildung garantiren, jedoch viel einfacher sein können, als die in jenem Gesetze aufgestellten, da es sich nicht um Maßregeln zur Abwendung einer dem Staate drohenden Gefahr handelt, sondern lediglich um einen den Juden, und dadurch mittelbar dem Staate zuzuwendenden Vortheil. Es würde daher, wie mir scheint, die Vorschrift genügen, daß nur solche Personen als Rabbinen und Prediger angestellt werden können, welche die Entlassungs-Prüfung auf einem deutschen Gymnasium abgelegt, ein dreijähriges Studium auf einer deutschen Universität zurückgelegt und eine wissenschaftliche Staatsprüfung bestanden haben, daß jedoch der Minister der geistlichen Angelegenheiten von allen oder einzelnen dieser Vorbedingungen Dispense auf Antrag einer Gemeinde ertheilen kann. Die erstere Vorschrift würde zur Folge haben, daß in wissenschaftlicher Beziehung die Rabbinen und Prediger der Juden den christlichen Geistlichen gleichständen, die letztere aber würde die Möglichkeit geben, welche nach Lage der Dinge beachtet werden muß, auch auswärtige Gelehrte zu Rabbinen und Predigern zu gewinnen, welche bereits als solche mit Erfolg fungirt aber einen anderen Bildungsweg als den bezeichneten eingeschlagen haben, und ferner Härten für die Uebergangszeit zu beseitigen. In dem Gesetzentwurfe, welcher diesem Schriftchen angehängt ist, findet sich der logischen Konsequenz wegen das Einspruchsverfahren geregelt, doch bezweifle ich nicht, daß dasselbe unpraktisch bleiben und die bloße Vorschrift über die gesetzliche Qualifikation in allen Fällen schon genügen wird.

Dem Einwande, daß, was hier für die Juden verlangt ist, auch für alle Religionsdiener der Dissidenten beansprucht werden müßte, wird damit begegnet, daß kein Bedenken besteht, es auf diese, falls es gewünscht wird, auszudehnen, daß aber die Juden, wegen ihrer großen Zahl und wegen der staatlich eingerichteten Organisation als anerkannte Religionsgesellschaften mit korporativen Rechten eine baldige Fürsorge erwarten dürfen.

Das Bedenken endlich, daß der ganze Vorschlag illiberal sei, weil er eine Einschränkung da vorschreibe, wo bisher lediglich das freie Ermessen der Gemeinden über die Qualifikation des Anzustellenden obgewaltet hat, erscheint nicht zutreffend. Es ist bisher unangefochten geblieben, daß keine Gemeinde Lehrer (auch Religionslehrer) anstellen darf, welche nicht die gesetzliche Qualifikation haben. Dieser Grundsatz soll nunmehr aus gleichem Grunde auf die Rabbinen und Prediger der Juden ausgedehnt werden, in welchen — wie bei den Lehrern — ein großes Kulturelement liegt, und welche nach der Beschaffenheit des

3*

Judenthums weniger mit dogmatischen Dingen als mit Verbreitung allgemeiner Bildung und Gesittung zu thun haben, und so auch ihre Aufgabe erfassen. Es verdient übrigens bemerkt zu werden, daß die meisten Kandidaten für solche Aemter, geleitet von dem Bewußtsein der Nothwendigkeit einer allgemeinen Bildung, sich schon bisher den Doktorgrad auf einer deutschen Universität erwarben; doch möchte anzunehmen sein, daß diese akademische Würde nicht in allen Fällen die genügende Bürgschaft für die wissenschaftliche Vorbildung des Kandidaten gewährt.

In dem Vorstehenden ist die Motivirung des in der Anlage III. enthaltenen Gesetzesvorschlages in großen Zügen enthalten. Es schien mir zweckmäßig, einen solchen zu machen, um die Fragen, auf welche es ankömmt, in concretere Form zu bringen und die Berathung auf einzelne grundlegende Fragen zu concentriren. Ist man über diese schlüssig, so wird die Regelung des Details keine erheblichen Schwierigkeiten bieten, doch werden einzelne Punkte, namentlich Alles, was die jüdischen Schulen betrifft, noch besonders in's Auge zu fassen sein.

Die Aufhebung der einzelnen bezeichneten Gesetze neben der im Grunde selbstverständlichen Generalklausel, daß alle früheren abweichenden Bestimmungen dem neueren Gesetze weichen müssen, erscheint zweckmäßig, um alle Zweifel auszuschließen. Jene Aufhebung bewirkt jedoch implicite einige Aenderungen des materiellen Rechts, welche nicht übersehen sind, aber nicht bedenklich erscheinen.

Anlage I.

a.

Preußisches Gesetz über die Verhältnisse der Juden
vom 23. Juli 1847 (G. S. S. 263).

Titel II.

Kultus- und Unterrichts-Angelegenheiten der Juden.

Abschnitt I.

Bestimmungen für alle Landestheile, mit Ausschluß des Großherzogthums Posen.

§. 35.

Bildung von Synagogen-Gemeinden (Judenschaften).

Die Juden sollen nach Maaßgabe der Orts- und Bevölkerungs-Verhältnisse dergestalt in Synagogen-Gemeinden (Judenschaften) vereinigt werden, daß alle innerhalb eines Synagogen-Bezirks wohnende Juden einer solchen Gemeinde angehören.

§. 36.

Die Bildung der Synagogen-Bezirke erfolgt durch die Regierungen nach Anhörung der Betheiligten.

Die Regierungen sind ermächtigt, die in dieser Weise gebildeten Synagogen-Bezirke nach dem Bedürfnisse abzuändern und die hierauf bezüglichen Verhältnisse, unter Zuziehung der Betheiligten, einschließlich der etwa vorhandenen Gläubiger, zu ordnen.

§. 37.

Die einzelnen Synagogen-Gemeinden erhalten in Bezug auf ihre Vermögensverhältnisse die Rechte juristischer Personen.

§. 38.

Jede Synagogen-Gemeinde erhält einen Vorstand und eine angemessene Zahl von Repräsentanten.

§. 39.

Der Vorstand besteht aus mindestens 3, höchstens 7 Mitgliedern, welche ihr Amt unentgeltlich verwalten.

§. 40.

Die Zahl der Repräsentanten der Synagogen-Gemeinde soll mindestens 9 und höchstens 21 betragen.

§. 41.

Sämmtliche männliche, volljährige, unbescholtene Mitglieder der Synagogen-Gemeinde, welche sich selbstständig ernähren und mit Entrichtung der Abgaben für die Synagogen-Gemeinde während der letzten 3 Jahre nicht in Rückstand geblieben sind, wählen die Repräsentanten und diese den Vorstand auf 6 Jahre. Die Wahl ist überall zugleich auf eine entsprechende Zahl von Stellvertretern zu richten.

§. 42.

Das Wahlgeschäft wird durch einen Abgeordneten der Regierung geleitet. Nach Ablauf der ersten 3 Jahre scheidet die Hälfte der Vorstandsmitglieder und der Repräsentanten nach dem Loose, demnächst jedesmal die ältere Hälfte aus.

§. 43.

Die Wahlen der Mitglieder des Vorstandes unterliegen der Genehmigung der Regierung, welche die ganze Wirksamkeit des Vorstandes zu beaufsichtigen hat und befugt ist, einzelne Mitglieder wegen vorsätzlicher Pflichtwidrigkeit oder wiederholter Dienstvernachlässigungen nach vorangegangener administrativer Untersuchung durch Beschluß zu entlassen.

§. 44.

Der Vorstand ist das Organ, durch welches Anträge oder Beschwerden der Synagogen-Gemeinde an die Staatsbehörde gelangen. Er hat über alle, die Synagogen-Gemeinde betreffenden Angelegenheiten und über einzelne, zu ihr gehörige Mitglieder den Staats- und Kommunal-Behörden auf Erfordern pflichtmäßig und unter eigener Verantwortlichkeit Auskunft zu ertheilen. Derselbe führt die Verwaltung der Angelegenheiten der Synagogen-Gemeinde, hat die Beschlüsse der Repräsentanten (§. 47.) zu veranlassen und zur Ausführung zu bringen, auch die Synagogen-Gemeinde überall gegen dritte Personen, insbesondere in allen Rechtsgeschäften, sie mögen die Erwerbung von Rechten oder die Eingehung von Verbindlichkeiten betreffen, zu vertreten.

§. 45.

Dem Vorstande steht die Wahl und Anstellung der Verwaltungs-Beamten zu. Derselbe hat jedoch vor jeder Anstellung die Repräsentanten über die Würdigkeit der anzustellenden Personen zu hören.

§. 46.

Die Repräsentanten-Versammlung erhält durch ihre Wahl und das Gesetz die Vollmacht und Verpflichtung, die Synagogen-Gemeinde nach Maaßgabe dieser Verordnung, ohne Rücksprache mit der ganzen Gemeinde oder mit Abtheilungen derselben, nach Ueberzeugung und Gewissen zu vertreten und verbindende Beschlüsse für die Gemeinde zu fassen.

Die Repräsentanten haben nicht einzeln, sondern nur in der Gesammtheit die Befugniß, durch gemeinschaftliche Beschlüsse von der gesetzlichen Vollmacht Gebrauch zu machen.

Die Repräsentanten-Versammlung kontrolirt die Verwaltung des Vorstandes. Sie ist daher berechtigt und verpflichtet, sich von der Ausführung ihrer Beschlüsse und der Verwendung der Gemeinde-Einnahmen Ueberzeugung zu verschaffen, die Akten einzusehen, die Rechnungen zu prüfen, dagegen Erinnerungen zu machen und Dechargen zu ertheilen u. s. w.

Sofern sie zu finden glaubt, daß dem Vorstande oder dessen einzelnen Mitgliedern Vernachlässigungen oder Pflichtverletzungen zur Last fallen, so hat sie dies der Regierung zur Untersuchung und Verfügung anzuzeigen.

Der Vorsteher und die einzelnen Repräsentanten sind der Gemeinde für den ihr zugefügten Nachtheil verantwortlich, wenn sie sich der Abstimmung entziehen, wenn sie durch Ordnungswidrigkeiten die Beschlußnahme verhindern, oder die Beschlüsse vereiteln, oder sich ungebührlicherweise in die Ausführung mischen. Dagegen sind sie für den Inhalt ihrer Beschlüsse nur dann verantwortlich, wenn sie wider besseres Wissen, also in unredlicher Absicht verfahren haben.

§. 47.

In allen lediglich den inneren Haushalt der Synagogen-Gemeinde betreffenden Angelegenheiten ist der Beschluß der Repräsentanten-Versammlung durch den Vorstand zu veranlassen. Dahin gehört:

1) Festsetzung des Etats;
2) Verpachtung, Verwaltung und Verpfändung von Grundstücken;
3) Anstellung von Prozessen und Abschließung von Vergleichen über

Gerechtsame der Synagogen-Gemeinde oder über die Substanz des Vermögens derselben;

4) Verträge, welche außer den Grenzen des Etats liegen, und außerordentliche den Etat übersteigende Geldbewilligungen.

Die Beschlußnahme der Repräsentanten, wenn sie den bestehenden Gesetzen nicht widerspricht, ist in der Regel bindend für den Vorstand. Hat derselbe jedoch die Ueberzeugung, daß der Beschluß der Gemeinde nachtheilig sein werde, so hat er die Bestätigung zu versagen, und wenn der anzustellende Versuch einer Vereinigung erfolglos ist, die Entscheidung der Regierung einzuholen.

§. 48.

Außer dem Einverständnisse des Vorstandes und der Repräsentanten-Versammlung ist auch noch die Genehmigung der Regierung erforderlich:

1) zur Einführung neuer Auflagen;
2) zur Aufnahme von Anleihen und zum Ankaufe von Grundstücken;
3) zur freiwilligen Veräußerung von Grundstücken und Realberechtigungen der Synagogen-Gemeinde, welche überhaupt stets nur nach vorgängiger Taxe im Wege öffentlicher Lizitation erfolgen darf.

§. 49.

Die Regierungen haben nicht nur in den Fällen zu entscheiden, welche ihnen in diesem Gesetze ausdrücklich überwiesen sind, sondern sind auch im Allgemeinen berechtigt und verpflichtet,

1) sich Ueberzeugung zu verschaffen, ob in jeder Synagogen-Gemeinde die Verwaltung nach den Gesetzen überhaupt und nach gegenwärtiger Verordnung insbesondere eingerichtet ist;
2) dafür zu sorgen, daß die Verwaltung fortwährend in dem vorgeschriebenen Gange bleibe und angezeigte Störungen beseitigt werden;
3) die Beschwerden Einzelner über die Verletzung der ihnen als Mitglieder der Gemeinde zustehenden Rechte zu untersuchen und zu entscheiden.

In allen Angelegenheiten der Synagogen-Gemeinden geht der Rekurs an die Regierung, und gegen deren Entscheidung an die Oberpräsidenten. Der Rechtsweg ist gegen die Entscheidung der Regierung nur dann zulässig, wenn die Klage auf einen speziellen privatrechtlichen Titel gegründet wird.

§. 50.

Ueber die Wahl und die Befugnisse des Vorsitzenden in dem Vorstande und des Vorstehers der Repräsentanten-Versammlung, sowie über die Zahl der Mitglieder des Vorstandes und der Repräsentanten-Versammlung, der Stellvertreter derselben, ferner darüber, ob die Wahl in den Vorstand auf jüdische Einwohner des Hauptortes des Synagogen-Bezirks beschränkt bleiben, und welche Reisekosten-Entschädigung im anderen Falle den Gewählten gewährt werden soll, sind die erforderlichen Bestimmungen in ein, der Bestätigung des Oberpräsidenten unterliegendes Statut aufzunehmen. Dasselbe kann auch besondere Festsetzungen über das Verhältniß des Vorstandes und der Repräsentanten gegen einander und gegen die Synagogen-Gemeinde, namentlich in Beziehung auf die den Kultus betreffenden inneren Einrichtungen (§. 51.) enthalten.

Die erste Wahl des Vorstandes und der Repräsentanten erfolgt nach Vorschrift der Regierung. Diese hat auch nach stattgefundener Wahl das Erforderliche wegen Abfassung der Statuten anzuordnen, welche binnen einer festzusetzenden Frist von dem Vorstande und den Repräsentanten zu entwerfen und der Regierung einzureichen sind. Sofern der Entwurf innerhalb der gesetzten Frist nicht eingeht, ist von der Regierung über die dem Statute vorbehaltenen Bestimmungen ein die Synagogen-Gemeinde bindendes Reglement zu erlassen.

§. 51.

Kultuswesen.

Die auf den Kultus bezüglichen inneren Einrichtungen bleiben in jeder einzelnen Synagogen-Gemeinde, so lange und soweit nicht das Statut ein Anderes festsetzt (§. 50.), der Vereinbarung des Vorstandes und der Repräsentanten überlassen. Die Regierung hat von diesen Einrichtungen nur in soweit Kenntniß zu nehmen und Entscheidung zu treffen, als die öffentliche Ordnung ihr Einschreiten erfordert.

§. 52.

Dem Statute einer jeden Synagogen-Gemeinde bleibt die Bestimmung darüber vorbehalten, ob Kultusbeamte angestellt und wie dieselben gewählt werden sollen. Bis dahin behält es wegen dieser Wahlen bei demjenigen, was in den einzelnen Judenschaften herkömmlich ist und in Ermangelung eines festen Herkommens bei den allgemeinen gesetzlichen Vorschriften wegen der Wahl von Gesellschaftsbeamten sein Bewenden. Die gewählten Kultusbeamten dürfen in ihr Amt nicht eher eingewiesen werden, bis die Regierung erklärt hat, daß gegen ihre Annahme nichts zu erinnern ist. Die Regierung hat bei dieser Erklärung außer den Förmlichkeiten der Wahl nur darauf Rücksicht zu nehmen, ob die gewählten Kultusbeamten unbescholtene Männer sind.

§. 53.

Entstehen innerhalb einer Synagogen-Gemeinde Streitigkeiten über die inneren Kultuseinrichtungen, welche auf Bildung einer neuen Synagoge abzielen, so sind die Minister der geistlichen rc. Angelegenheiten und des Innern ermächtigt, auf den Antrag der Interessenten eine Begutachtung der obwaltenden Differenzen durch eine zu diesem Zweck einzusetzende Kommission eintreten zu lassen. Kann durch den Ausspruch der Kommission der Konflikt nicht ausgeglichen werden, so haben die Minister unter Benutzung des von der Kommission abgegebenen Gutachtens darüber Anordnung zu treffen, mit welcher Maaßgabe entweder die Einrichtung eines abgesonderten Gottesdienstes oder die Bildung einer neuen Synagoge zu gestatten ist. Zugleich haben dieselben mit Ausschluß des Rechtsweges zu bestimmen, welcher Theil im Besitz der vorhandenen Kultuseinrichtungen und des Vermögens der Synagogen-Gemeinde verbleibt.

§. 54.

Diese Kommission soll, so oft das Bedürfniß es erfordert, unter der Aufsicht eines Regierungs-Abgeordneten in Berlin zusammentreten, und aus neun Kultusbeamten oder anderen Männern jüdischen Glaubens bestehen, die das Vertrauen der Synagogen-Gemeinde, welcher sie angehören, besitzen.

§. 55.

Die Mitglieder der Kommission mit einer angemessenen Zahl von Stellvertretern werden von den Ministern der geistlichen rc. Angelegenheiten und des Innern auf den Vorschlag der Oberpräsidenten, welche dabei die Anträge der Synagogen-Gemeinden ihres Verwaltungsbezirks besonders zu berücksichtigen haben, auf die Dauer von sechs Jahren ernannt.

§. 56.

Die durch den Zusammentritt der Kommission erwachsenden Kosten werden von den sämmtlichen Synagogen-Gemeinden des Staats nach Verhältniß des Kostenbetrages ihrer gesammten Bedürfnisse (§. 58.) aufgebracht.

§. 57.

Die Kommission beschließt über die ihr zur Begutachtung vorgelegten Gegenstände nach absoluter Stimmenmehrheit, und hat die zu erstattenden Gutachten unter Beifügung von Gründen vollständig auszuarbeiten.

§. 58.

Aufbringung der Kosten.

Die Kosten des Kultus und der übrigen die Synagogen-Gemeinde betreffenden Bedürfnisse, zu welchen auch die Einrichtung und Unterhaltung der Begräbnißplätze gehört, werden nach den durch das Statut einer jeden Synagogen-Gemeinde näher zu bestimmenden Grundsätzen auf die einzelnen Beitragspflichtigen umgelegt, und nachdem die Heberollen von der Regierung für vollstreckbar erklärt worden sind, im Verwaltungswege eingezogen. Der Rechtsweg ist wegen solcher Abgaben und Leistungen nur in soweit zulässig, als Jemand aus besonderen Rechtstiteln die gänzliche Befreiung von Beiträgen geltend machen will, oder in der Bestimmung seines Antheils über die Gebühr belastet zu sein behauptet.

Ob und in wieweit einzelne, zerstreut und von dem Mittelpunkte des Synagogen-Bezirks entfernt wohnende Juden zu den von der Synagogen-Gemeinde aufzubringenden Kosten, insbesondere zu den Kultus-Bedürfnissen beizutragen haben, ist von den Regierungen nach Maßgabe der Vortheile festzusetzen, welche jenen Juden durch die Verbindung mit der Synagogen-Gemeinde zu Theil werden.

Von neu anziehenden Juden darf ein sogenanntes Eintrittsgeld von der Synagogen-Gemeinde auch an denjenigen Orten, wo solches bisher üblich gewesen, künftig nicht mehr gefordert werden.

§. 59.

Armen- und Krankenpflege.

Die der besonderen Armen- und Krankenpflege der Juden gewidmeten Fonds und Anstalten, welche schon bisher von den jetzigen und früheren Vorständen der Judenschaften oder Synagogen-Gemeinden verwaltet und beaufsichtigt worden sind, werden auch künftig von denselben, vorbehaltlich des Ober-Aufsichtsrechts der Regierung, beaufsichtigt und verwaltet; neue derartige Fonds und Anstalten aber nur dann, wenn dies in der Stiftung ausdrücklich bestimmt ist.

§. 60.

Unterrichtswesen.

In Bezug auf den öffentlichen Unterricht gehören die schulpflichtigen Kinder der Juden den ordentlichen Elementarschulen ihres Wohnorts an.

§. 61.

Die Juden sind schuldig, ihre Kinder zur regelmäßigen Theilnahme an dem Unterrichte in der Ortschule während des gesetzlich vorgeschriebenen Alters anzuhalten, sofern sie nicht vor der Schulbehörde sich ausweisen, daß ihre Kinder anderweitig durch häusliche Unterweisung oder durch ordentlichen Besuch einer anderen vorschriftsmäßig eingerichteten öffentlichen oder Privat-Lehr-Anstalt einen regelmäßigen und genügenden Unterricht in den Elementarkenntnissen erhalten.

§. 62.

Zur Theilnahme an dem christlichen Religions-Unterrichte sind die jüdischen Kinder nicht verpflichtet; eine jede Synagogen-Gemeinde ist aber verbunden, solche Einrichtungen zu treffen, daß es keinem jüdischen Kinde während des schulpflichtigen Alters an dem erforderlichen Religions-Unterrichte fehlt.

Als besondere Religionslehrer können nur solche Personen zugelassen werden, welche zur Ausübung eines Elementarschul-Amtes vom Staate die Erlaubniß erhalten haben.

§. 63.

Zur Unterhaltung der Ortsschulen haben die Juden in gleicher Weise und in gleichem Verhältnisse wie die christlichen Gemeindeglieder den Gesetzen und bestehenden Verfassungen gemäß beizutragen.

§. 64.

Eine Absonderung von den ordentlichen Ortsschulen können die Juden der Regel nach nicht verlangen; doch ist ihnen gestattet, in eigenem Interesse auf Grund diesfälliger Vereinbarungen unter sich mit Genehmigung der Schul-Behörden Privat-Lehranstalten nach den darüber bestehenden allgemeinen Bestimmungen einzurichten. Ist in einem Orte oder Schulbezirke eine an Zahl und Vermögensmitteln hinreichende christliche und jüdische Bevölkerung vorhanden, um auch für die jüdischen Einwohner ohne deren Ueberbürdung eine besondere öffentliche Schule anlegen zu können, so kann, wenn sonst im allgemeinen Schulinteresse Gründe dazu vorhanden sind, die Absonderung der Juden zu einem eigenen Schulverbande auf den Antrag des Vorstandes der Synagogengemeinde angeordnet werden.

§. 65.

Die Regierung hat in solchem Falle über die beabsichtigte Schultrennung und den dazu entworfenen Einrichtungsplan die Kommunalbehörde des Orts und die übrigen Interessenten mit ihren Erklärungen und Anträgen zu vernehmen.

§. 66.

Ergiebt sich hierbei ein allseitiges Einverständniß über die Zweckmäßigkeit der Schulabtrennung und über die Bedingungen der Ausführung, so ist die Regierung befugt, die entsprechenden Festsetzungen und Einrichtungen unmittelbar zu treffen.

Im Falle obwaltender Differenzen bleibt die Entscheidung dem Minister der geistlichen rc. Angelegenheiten vorbehalten.

§. 67.

Eine nach §§. 64—66. errichtete jüdische Schule, hat die Eigenschaften und Rechte einer öffentlichen Schule. Insbesondere gelten dabei folgende nähere Bestimmungen:

1) Die Unterrichtssprache in einer solchen Schule muß die deutsche sein.
2) Die Errichtung und Unterhaltung dieser Schule liegt in Ermangelung einer anderweitigen Vereinbarung den jüdischen Einwohnern des Schulbezirks allein ob. Die Aufbringung der erforderlichen Kosten wird nach Maaßgabe der Bestimmung des §. 58. bewirkt.
3) Wo die Unterhaltung der Ortsschulen eine Last der bürgerlichen Gemeinde ist, haben die Juden im Falle der Errichtung einer eigenen öffentlichen Schule eine Beihülfe aus Kommunalmitteln zu fordern, deren Höhe, unter Berücksichtigung des Betrages der Kommunalabgaben der jüdischen Einwohner, der aus den Kommunalkassen für das Ortsschulwesen aus der Vereinigung der jüdischen Kinder in eine besondere jüdische Schule erwächst, zu bemessen, und in Ermangelung einer gütlichen Vereinbarung von den Ministern der geistlichen rc. Angelegenheiten und des Innern festzusetzen ist.
4) Die Juden werden, wenn sie eine öffentliche jüdische Schule unterhalten, sowohl von der Entrichtung des Schulgeldes, als auch von allen unmittelbaren, persönlichen Leistungen zur Unterhaltuug der ordentlichen Ortsschulen frei.
5) Der Besuch der öffentlichen jüdischen Schulen bleibt auf die jüdischen Kinder beschränkt.

---

b.

1. Hannöversches Gesetz über die Rechtsverhältnisse der Juden

v. 30. September 1842 (I. Abth. Nr. 41).

Titel III.

Synagogen-, Schul- und Armenwesen.

A. Gemeinschaftliche Bestimmungen.

§. 19.

Den Juden steht die Ausübung des Gottesdienstes in der Synagoge frei.

Auch können sie ihre Kinder in besonderen jüdischen Schulen unterrichten lassen (§. 38).

§. 20.

Das Synagogen-, Schul- und Armenwesen der Juden steht unter Aufsicht der Regierung. Diese Aufsicht wird neben den Ortsobrigkeiten zunächst durch die Landrabbiner unter Leitung der Landdrosteien ausgeübt.

§. 21.

Die Landrabbiner werden für gewisse, näher zu bestimmende Bezirke bestellt.

Sie werden von der Judenschaft eines jeden Bezirks nach weiter zu erlassenden Vorschriften gewählt und durch das Ministerium des Innern bestätigt.

Ihre etwaige Entlassung erfordert Genehmigung des Ministeriums.

§. 22.

Die Anstellung der Rabbiner, Vorsänger und Schullehrer setzt eine Prüfung durch den Landrabbiner und einen von der Landdrostei zu ernennenden Kommissarius, auch Bestätigung der Landdrostei voraus.

Die in dieser Beziehung einzelnen Magistraten verfassungsmäßig etwa zustehenden besonderen Befugnisse bleiben jedoch bestehen.

Die Entlassung der Rabbiner, Vorsänger und Schullehrer erfordert Genehmigung der Landdrostei.

§. 23.

Die Landrabbiner haben über die Erfüllung ihrer Dienstpflichten zu wachen und sie nöthigenfalls durch Verweise und Geldbußen bis zu zehn Thalern dazu anzuhalten.

Gleiche Befugnisse stehen den Obrigkeiten zu; auch können diese nöthigenfalls deren Entfernung vom Dienste bei der Landdrostei beantragen.

Beschwerden über die Strafverfügungen gehören vor die Landdrostei, die Vollstreckung der festgesetzten Strafen vor die Obrigkeit.

Die Strafgelder fließen in diejenige Armenkasse, aus welcher die jüdischen Armen des Orts unterstützt werden.

§. 24.

Die Rechte und Pflichten der Landrabbiner, so wie die der Vorsteher der Synagogen und Schulen werden näher bestimmt werden. Bis dahin bleiben die bestehenden Vorschriften, soweit sie durch dieses Gesetz nicht geändert werden, in Kraft.

§. 25.

Jüdische Synagogen-, Schul- und Armenverbände (§§. 35, 40 und 48) können mit Genehmigung der Landdrostei durch Verfügungen unter Lebenden und von Todeswegen Vermögen erwerben.

Sie genießen jedoch nicht die Vorrechte öffentlich anerkannter Kirchen- 2c. Gesellschaften.

§. 26.

Die Aufsicht der Regierung erstreckt sich auf die Verwaltung des Vermögens der jüdischen Synagogen, Schulen, Armen-Anstalten und sonstigen öffentlichen milden Stiftungen.

Weitere Vorschriften hierüber bleiben vorbehalten.

§. 27.

Die Anlegung neuer Synagogen, Schulen und Begräbnißplätze erfordert landdrosteiliche Genehmigung.

§. 28.

Die Juden haben die Kosten ihres Synagogen-, Schul- und Armenwesens, sofern nicht in Rücksicht auf Schul- und Armenwesen eine Verbindung mit dem christlichen eintritt (§§. 41 und 49) allein zu tragen. Der Betrag dieser Kosten und die Art ihrer Aufbringung ist, soweit nöthig, durch die Behörden festzustellen.

Die etwa nöthige Beitreibung kann auf dem Verwaltungswege erfolgen.

§. 29.

Die Juden sind zu Beiträgen für das christliche Kirchen-, Schul- und Armenwesen nicht verbunden, vorbehältlich der folgenden Bestimmungen:

§. 30.

1) Sind Lasten dieser Art bisher nicht besonders aufgebracht, sondern aus einer Gemeindekasse bestritten, zu welcher alle Einwohner der Gemeinde beizutragen verpflichtet sind, so tritt in Ansehung der Juden keine Ausnahme ein.

§. 31.

2) Letztere haben von ihrem etwaigen Grundbesitze zu allen denjenigen Lasten beizutragen, welche ganz oder theilweise bisher von den Grundeigenthümern der Gemeinde getragen sind, oder in Zukunft von denselben etwa zu tragen sein werden.

§. 32.

3) Eigentliche Reallasten, welche in Bezug auf das christliche Kirchen-, Schul- und Armenwesen Statt finden, bleiben bestehen.

§. 33.

4) Etwa bestehende Beitragspflichten der Juden für die Mitbenutzung der mit dem christlichen Kirchenwesen in Verbindung stehenden Einrichtungen, als Thurmuhren ꝛc. bleiben in Kraft.

§. 34.

5) An den Orten, wo gegenwärtig eine Verpflichtung der Juden, zu Stolgebühren beizutragen, besteht, wird solche beibehalten, so lange nicht die berechtigten Stellen dafür entschädigt sind.

Es bleibt jedoch der Regierung überlassen, sofern sie es für angemessen erachtet, diese Verpflichtung auch ohne Entschädigung aufzuheben.

B. Synagogenwesen.

§. 35.

Jeder im Königreiche wohnhafte Jude muß einer Synagogen-Gemeinde angehören.

Die Bezirke derselben sollen, soweit nöthig, näher festgestellt werden.

§. 36.

Am Sabbath und an den israelitischen Festtagen ist von dem Rabbiner, Vorsänger oder sonstigen Lehrer über religiöse Gegenstände wenigstens ein Vortrag in deutscher Sprache zu halten.

§. 37.

In der Synagoge hat Jeder sich der bestehenden, oder mit Genehmigung der Landdrostei festzustellenden Synagogen-Ordnung zu unterwerfen.

Außer der Obrigkeit haben die Landrabbiner durch die Vorsteher der Synagoge für die Aufrechthaltung derselben zu sorgen und können wegen ihrer Verletzung Verweise und Geldstrafen bis zu zehn Thalern, vorbehältlich der Beschwerde bei der Landdrostei, aussprechen.

Die Vollstreckung erfolgt durch die Obrigkeit.

Die Strafgelder fließen in diejenige Armenkasse, aus welcher die jüdischen Armen des Orts unterstützt werden.

C. Schulwesen.

§. 38.

Die Zulassung neuer jüdischen Schulen und die Beibehaltung der vorhandenen setzt die Nachweisung bei der Landdrostei voraus, daß für gehörigen Unterricht in allgemeinen Kenntnissen durch einen befähigten und geprüften Lehrer (§. 22), für angemessene Diensteinnahme desselben und für sonstige Bedürfnisse der Schulanstalt genügend gesorgt sei.

§. 39.

Eine solche Schule muß von den jüdischen Kindern während der Jahre der Schulpflichtigkeit, welche für die christlichen Schulkinder besteht, besucht werden. Jedoch bleibt den jüdischen Eltern unbenommen, ihre Kinder in den christlichen Schulen unterrichten zu lassen, vorbehältlich der Entrichtung ihres Beitrages zu den Kosten der Unterhaltung der jüdischen Schule.

§. 40.

Die Bezirke der jüdischen Schulen sollen in der Art näher festgestellt werden, daß allen zur Schulgemeinde gehörenden Kindern der Besuch der Schule möglich ist.

Sofern es thunlich, sollen die Bezirke der Synagogen-Gemeinden zum Grunde gelegt werden.

§. 41.

Besteht keine besondere jüdische Schule, so müssen die Kinder der Juden, während der Jahre der Schulpflichtigkeit, welche für die christlichen Schulkinder besteht, an dem Unterrichte in den christlichen Ortsschulen, mit Ausnahme des christlichen Religions-Unterrichts, Theil nehmen.

Es finden dabei die nämlichen Zwangsmittel, wie gegen die christlichen Schulkinder und ihre Eltern, Statt.

§. 42.

Den jüdischen Kindern darf die Theilnahme an dem Unterrichte in den christlichen Ortsschulen nicht versagt werden.

§. 43.

Die jüdischen Schulkinder sind rücksichtlich der Schulzucht den Anordnungen der Lehrer und Behörden, wie die christlichen Kinder, unterworfen.

§. 44.

Werden den christlichen Schulen durch Aufnahme der jüdischen Kinder etwa besondere Kosten, namentlich durch bauliche Einrichtungen veranlaßt, so sind sie von den Juden zu tragen.

Streitigkeiten hierüber sind im Wege der Verwaltung zu entscheiden.

§. 45.

Das Schulgeld und die sonstigen Beiträge behuf des christlichen Schulwesens sind von den Juden, deren Kinder die christliche Ortsschule besuchen, gleichwie von den Christen zu entrichten.

Auf Verlangen des christlichen Schullehrers sollen die diesem etwa gebührenden Natural-Leistungen rücksichtlich der Juden in eine entsprechende Geldleistung nach Bestimmung der Obrigkeit verwandelt werden.

§. 46.

Jüdische Hauslehrer können nur nach vorgängiger Prüfung durch den Landrabbiner und mit Genehmigung der Obrigkeit angenommen werden.

Das Halten eines Privatlehrers befreiet nicht vom Schulgelde.

Dasselbe muß da, wo eine jüdische Schule besteht, an diese, sonst an die christliche Ortsschule entrichtet werden.

§. 47.

Der Landrabbiner hat dahin zu sehen, daß es den jüdischen Kindern nicht an Religions-Unterricht fehle, und daß die Eltern zu solchem Ende einen geprüften jüdischen Lehrer annehmen.

D. Armenwesen.

§. 48.

Für das jüdische Armenwesen sollen, nach den bereits erfolgten oder näher zu erlassenden Vorschriften, Verbände bestehen, welche auch mehrere Synagogen-Gemeinden in sich begreifen können.

§. 49.

Eine Verbindung des jüdischen Armenwesens mit dem christlichen ist jedoch da, wo sie besteht, oder mit gegenseitiger Zustimmung eingeführt wird, hierdurch nicht ausgeschlossen.

Eine solche Verbindung kann aber, sofern nicht besondere Verträge entgegenstehen, durch die Landdrostei auf den Antrag des betreffenden Armenverbandes aufgehoben und ein besonderer jüdischer Armenverband angeordnet werden.

---

2. Hannöversche Bekanntmachung,

das jüdische Synagogen-, Schul- und Armenwesen betreffend,

v. 19. Januar 1844 (I. Abth. Nr. 6).

Zur Ausführung der Bestimmungen über das jüdische Synagogen-, Schul- und Armenwesen in den §§. 19 bis 49 des Gesetzes über die Rechtsverhältnisse der Juden vom 30. September 1842 wird Folgendes vorgeschrieben:

I. Allgemeines.

§. 1.

Die Bezirke der jüdischen Synagogen-Gemeinden, Schulen und Armenverbände, so wie solche gemäß den §§. 35, 40 und 48 des Gesetzes über die Rechtsverhältnisse der Juden festgestellt sind oder werden, können, wenn es sich künftig als angemessen darstellt, durch die Landdrosteien nach Vernehmung des betreffenden Landrabbiners und mit Unserer Genehmigung abgeändert werden.

§. 2.

Die jetzt zugelassenen Schulen können wieder aufgehoben werden, wenn sich künftig zeigt, daß den Erfordernissen des Gesetzes im §. 38. nicht genügt werden kann.

§. 3.

Der Dienst eines Schächters soll von dem Dienste des Unterrabbiners und da, wo es thunlich ist, auch von dem des Lehrers getrennt werden.

§. 4.

Für jüdische Armenflege sollen, sofern nicht nach §. 49. des Gesetzes eine Verbindung mit der christlichen Statt findet, größere und kleinere Verbände bestehen.

Dem kleinern Verbande soll die gewöhnliche Armenpflege, dem größern sollen, nach näherer Bestimmung der Landdrostei, solche Ausgaben obliegen, welche die Kräfte des kleinern übersteigen, namentlich Kosten des Unterhalts der Armen, welche in Gemüthskrankheit oder in sonstige langwierige Krankheit verfallen sind.

§. 5.

Der kleinere Verband soll in der Regel durch die Synagogen-Gemeinde gebildet werden.

§. 6.

Die größeren Verbände sind von der Landdrostei mit Unserer Genehmigung festzustellen.

Da, wo sie gegenwärtig mit dem Landrabbinats-Bezirke zusammenfallen, kann solche Einrichtung, sofern es angemessen ist, beibehalten werden.

§. 7.

Es ist darauf zu halten, daß das Vermögen der Synagogen, Schulen, Armenanstalten und öffentlichen milden Stiftungen erhalten und die Einkünfte desselben zweckgemäß verwendet, auch etwaige Schulden abgetragen werden.

§. 8.

Der Fuß für Aufbringung der Beiträge zu den Kosten des jüdischen Synagogen-, Schul- und Armenwesens richtet sich nach dem, was darüber feststeht, und sofern nichts besteht, oder das Bestehende nicht für angemessen zu halten ist, nach dem, was darüber von den Betheiligten mit obrigkeitlicher Genehmigung beschlossen, oder soweit nöthig, von der Obrigkeit bestimmt wird (§. 28. des Gesetzes).

Der Beitragsfuß zu den größeren Armenverbänden ist, so weit er nicht feststeht oder nicht angemessen ist, nach Anhörung der Vorsteher von der Landdrostei mit Unserer Genehmigung festzustellen.

§. 9.

Erstreckt sich der Synagogen-, Schul- oder Armenverband durch die Bezirke mehrerer Obrigkeiten, so ist von der Landdrostei diejenige Obrigkeit zu bestimmen, welche nach §. 20. des Gesetzes neben dem Landrabbiner die Aufsicht über jüdisches Synagogen-, Schul- und Armenwesen zu führen hat.

Geeignete Mitwirkung der andern Obrigkeit ist jedoch nicht ausgeschlossen.

§. 10.

Die obrigkeitlichen Geschäfte, durch jene Aufsichtsführung veranlaßt, erfolgen unentgeltlich.

II. Vorsteher.

§. 11.

Jede Synagogen-Gemeinde soll einen Vorsteher haben.

In den größeren Synagogen-Gemeinden können, wenn es angemessen ist, auch mehrere bestellt werden.

§. 12.

Die Vorsteher haben die Angelegenheiten der Synagogen-Gemeinde, insbesondere auch das etwaige Vermögen derselben zu verwalten.

§. 13.

Bei der Aufsicht über die Synagoge und den Gottesdienst haben sie sich nach der bestehenden oder zu erlassenden Synagogen-Ordnung zu richten.

§. 14.

Die Vorsteher haben zugleich die Angelegenheiten der jüdischen Schulen, insbesondere auch das etwaige Vermögen derselben zu verwalten.

§. 15.

Fällt der Bezirk der Schule nicht mit dem Bezirke der Synagogen-Gemeinde zusammen, so ist von dem Schulverbande für die Schulangelegenheiten ein besonderer Vorsteher zu bestellen. Es kann jedoch auch der Synagogen-Vorsteher dazu bestellt werden.

§. 16.

Die Vorsteher haben insbesondere darauf zu halten, daß die schulpflichtigen jüdischen Kinder die jüdische Schule gehörig besuchen, sofern sie nicht in den christlichen Schulen unterrichtet werden (§. 39. des Gesetzes).

Es finden dabei die nämlichen Zwangsmittel wie gegen christliche Schulkinder und ihre Eltern Statt.

§. 17.

Besteht keine jüdische Schule für allgemeinen Unterricht, so ist von den Vorstehern, unter Mitwirkung des christlichen Schullehrers ꝛc., welchem ein Verzeichniß der schulpflichtigen jüdischen Kinder mitzutheilen ist, darauf zu halten, daß sie die christliche Schule besuchen (§. 41 des Gesetzes).

§. 18.

Bestehen an dem Orte Schulen verschiedener christlicher Bekenntnisse, so können die Eltern oder die ihre Stelle Vertretenden die Schule wählen, in welcher die Kinder unterrichtet werden sollen.

Ist gewählt worden, so tritt damit das nämliche Verhältniß zu dem Schulverbande ein, welches hinsichtlich der ihm angehörenden Christen begründet ist.

§. 19.

Da, wo eine jüdische Religionsschule besteht, sind auch die Angelegenheiten dieser Schule, sofern sie nicht blos Privatanstalt ist, von den Vorstehern zu versehen.

§. 20.

Die Vorsteher haben ferner die Angelegenheiten der jüdischen Armenpflege und das etwaige Vermögen der Armenanstalten zu verwalten.

§. 21.

Fällt der Armenverband nicht mit dem Synagogen-Bezirke zusammen, so ist von Ersterem für die Angelegenheiten der Armenpflege ein besonderer Vorsteher zu bestellen. Es kann aber auch der Synagogen-Vorsteher dazu bestellt werden.

§. 22.

Der größere Armenverband (§. 4. und 6.) soll mehrere Vorsteher haben, von welchen Einer nach landdrosteilicher Bestimmung die Leitung zu übernehmen hat.

Da, wo der größere Armenverband mit dem Landrabbinats-Bezirke zusammenfällt, soll der Landrabbiner zu den Vorstehern gehören und ihm die Leitung zustehen.

§. 23.

Befinden sich in dem Bezirke der Synagogen-Gemeinde öffentliche milde Stiftungen und ist über ihre Verwaltung nicht besondere Bestimmung getroffen, so haben die Vorsteher auch diese zu verwalten.

§. 24.

Die Vorsteher vertreten die Synagogen-Gemeinde und beziehungsweise den Schulverband und Armenverband, namentlich auch vor Gericht (vergl. jedoch §. 44.).

§. 25.

Die Pflichten der Vorsteher bei Führung der jüdischen Geburts-,

Trauungs- und Sterbelisten bestimmt Unsere Bekanntmachung vom 4. November 1843.

§. 26.

Der Dienst der Vorsteher ist als Ehrenamt unentgeltlich zu führen, vorbehältlich der eingeführten Gebühren und des Ersatzes von Auslagen.

§. 27.

Die Vorsteher sind von der jüdischen Gemeinde zu wählen.

§. 28.

Die Wahl geschieht in einer Versammlung der Gemeinde (§. 48. und f.) nach absoluter Stimmenmehrheit.

Bei Stimmengleichheit wählt die Obrigkeit unter den beiden, zwischen welchen die Stimmen sich theilen.

§. 29.

Die Wahl geschieht auf drei Jahre. Gegen die Zeit des Ablaufs derselben ist eine neue Wahl vorzunehmen.

Der Abgehende ist wieder wählbar (§. 30.).

Da, wo mehrere Vorsteher sind, ist die Einrichtung zu treffen, daß sie in verschiedenen Jahren abgehen.

§. 30.

Jedes stimmfähige Mitglied ist zur Annahme der auf ihn gefallenen Wahl schuldig.

Die Obrigkeit kann jedoch von der Annahme der Wahl entbinden, wenn der Gewählte Gründe der Ablehnung vorbringt, welche nach ihrem Ermessen für erheblich zu halten sind.

Entschuldigt sind namentlich Aerzte, Wundärzte, Personen über 60 Jahr und der, welcher zuletzt den Dienst versehen hat.

§. 31.

Unfähig zur Bekleidung des Vorsteher-Dienstes ist, wer wegen eines Verbrechens zur Untersuchung gezogen worden, ohne freigesprochen zu sein.

§. 32.

Der Gewählte bedarf der Bestätigung der Obrigkeit und ist von ihr auf getreue und vorschriftsmäßige Führung seines Dienstes eidlich oder, sofern die Mehrheit der Versammlung sich damit einverstanden erklärt, durch Gelöbniß an Eidesstatt zu verpflichten.

Das hierüber aufgenommene Protokoll ist dem Gewählten in beglaubigter Abschrift zuzustellen.

Von der erfolgten Bestellung ist dem Landrabbiner Kenntniß zu geben.

§. 33.

Die Vorsteher für die größeren Armenverbände (§. 4., 6. und 22) sind nach näherer Bestimmung der Landdrostei von den Synagogen-Gemeinden, welche den Verband bilden, nach Stimmenmehrheit zu wählen und bedürfen landdrosteilicher Bestätigung.

III. Rechnungsführer.

§. 34.

Außer dem Vorsteher muß für jede Synagogen-Gemeinde ein Rechnungsführer zur Hebung der Einnahme und Leistung der Ausgabe bestellt werden.

In kleinen Synagogen-Gemeinden kann, wenn es gewünscht wird, von der Obrigkeit zugelassen werden, daß der Vorsteher zugleich Rechnungsführer sei.

§. 35.

Der Rechnungsführer hat in der Regel die Rechnung für Synagoge, Schule und Armenpflege zu führen.

Es können jedoch, sofern es angemessen erscheint, für Schul- und Armenwesen besondere Rechnungsführer bestellt werden.

§. 36.

Der Rechnungsführer ist in der nämlichen Weise wie die Vorsteher (§. 27. und f.) zu bestellen. Er kann jedoch auch auf längere Zeit als drei Jahre gewählt werden.

§. 37.

Der Rechnungsführer hat, sofern es von der Gemeinde für nöthig gehalten wird, Sicherheit zu leisten.

Auch bleibt derselben die geeignete Anordnung von Sicherungs-Maßregeln bei erheblichem Kassenvorrathe vorbehalten.

§. 38.

Ist der Rechnungsführer nicht bereit, den Dienst als Ehrenamt unentgeltlich zu führen, so ist von der Gemeinde Bestimmung wegen der Vergütung zu treffen, vorbehältlich obrigkeitlicher und, bei den Rechnungsführern für die größeren Armenverbände, landdrosteilicher Genehmigung.

IV. Einnahme, Ausgabe und Rechnungsablage.

§. 39.

Der Vorsteher der Synagogen-Gemeinde hat unter Mitwirkung des Rechnungsführers jährlich oder, wo dies für angemessen zu halten, für längern Zeitraum einen Voranschlag der muthmaßlichen Einnahme und Ausgabe, so wie eine Uebersicht der Aufbringung des Fehlenden nach dem eingeführten Fuße aufzustellen und einer Versammlung der Gemeinde (§. 48.) zur Genehmigung vorzulegen.

§. 40.

Werden neben den Angelegenheiten der Synagoge auch die der Schule und der Armenpflege von ihm versehen, so sind die Uebersichten darnach, soweit nöthig, getrennt aufzustellen.

§. 41.

Erfolgt in der Versammlung die Genehmigung, so sind die Beiträge der Gemeindeglieder nebst den sonstigen Einnahmen an Schulgeld, Synagogenständegeld, Opfergeld u. s. w. durch den Rechnungsführer, nöthigenfalls unter obrigkeitlicher Hülfe (§. 28. des Gesetzes), zu heben und zu berechnen.

§. 42.

Der Rechnungsführer darf ohne Genehmigung des Vorstehers keine Zahlung leisten.

§. 43.

Der Vorsteher darf keine Ausgabe genehmigen, welche nicht von der Gemeinde-Versammlung bewilligt ist.

Dies gilt auch von außerordentlichen Ausgaben, welche über den desfallsigen allgemeinen Satz in dem Voranschlage hinausgehen.

§. 44.

Ohne Genehmigung der Gemeinde-Versammlung darf der Vorsteher nicht Veräußerungen vornehmen, Kapitalien kündigen, einziehen, belegen, Vergleiche abschließen, einen Rechtsstreit anfangen, noch sich darauf einlassen.

§. 45.

Der Rechnungsführer hat jährlich Rechnung über sämmtliche Einnahmen und Ausgaben mit Belegen zu stellen.

Die Rechnung ist zunächst dem Vorsteher zur Vorprüfung mitzutheilen, von diesem acht Tage hindurch zu jedes Mitgliedes Einsicht an geeignetem Orte auszulegen und sodann in einer dazu zu berufenden Gemeinde-Versammlung abzunehmen.

Etwaige Erinnerungen sind, wo thunlich, in der Versammlung zu erledigen.

§. 46.

Nach geschehener Abnahme ist die Rechnung der Obrigkeit zur Superrevision und zur etwa nöthigen Entscheidung über unerledigte Erinnerungen mitzutheilen.

§. 47.

Für die größeren Armenverbände (§. 4. und 6.) ist wegen Einnahme und Ausgabe, unter Berücksichtigung der bestehenden Einrichtungen, das Erforderliche von der Landdrostei anzuordnen.

Die Rechnung für diese Verbände ist von den Vorstehern (§. 22 und 33) abzunehmen und hierauf der Landdrostei zur Superrevision vorzulegen.

V. Gemeinde-Versammlung und Gemeinde-Ausschuß.

§. 48.

So oft zu Wahlen oder sonstigen Zwecken des jüdischen Synagogen-, Schul- und Armenwesens eine Versammlung der jüdischen Gemeinde Statt finden muß, sind durch die Vorsteher oder, wo diese noch fehlen, durch die Obrigkeit sämmtliche stimmfähige Mitglieder zu laden.

§. 49.

Stimmfähig sind alle männliche Mitglieder der Gemeinde, welche zur selbstständigen Besetzung zugelassen sind, mit Ausnahme derer, welche wegen Unvermögens keine Beiträge entrichten.

§. 50.

Zur Versammlung müssen wenigstens zwei Drittel der stimmfähigen Mitglieder erschienen sein.

§. 51.

Die Versammlung wird durch den Vorsteher geleitet.

Die Beschlüsse werden nach Stimmenmehrheit gefaßt.

Bei Stimmengleichheit entscheidet der Vorsteher (s. jedoch §. 28.).

§. 52.

In den größeren jüdischen Gemeinden kann, wenn es gewünscht und von der Landdrostei für angemessen gehalten wird, auch ein Gemeinde-Ausschuß für Beschlußnahme in allen oder einzelnen Angelegenheiten, welche sonst an die Gemeinde-Versammlung gehören, durch Wahl der Gemeinde nach näheren, besonders zu treffenden Bestimmungen bestellt werden.

VI. Landrabbiner.

§. 53.

Die Landrabbiner haben in ihren Bezirken, unter Leitung der Landdrosteien, die Oberaufsicht über Synagogen-, Schul- und Armenwesen der Juden, so wie über jüdische öffentliche milde Stiftungen zu führen (§. 20 u. f. des Gesetzes).

§. 54.

Sie haben wahrgenommene Mängel in diesen Angelegenheiten abzustellen, auch Beschwerden und Streitigkeiten darüber zu schlichten (§. 23 des Gesetzes).

Sofern es nöthig ist, haben Landdrostei oder Obrigkeit dabei mitzuwirken.

§. 55.

Sie haben darauf zu halten, daß die jüdischen Synagogen und Schulen mit geprüften Unter-Rabbinern, Vorbetern und Lehrern besetzt seyn (§ 22 des Gesetzes).

§. 56.

Die Anträge der Gemeinden auf Anstellung und Entlassung von Unter-Rabbinern, Vorbetern und Lehrern sind durch den Landrabbiner gutachtlich der Landdrostei zur Bestätigung (§ 22 des Gesetzes) vorzulegen.

§. 57.

Lehrer an jüdischen Religionsschulen (§. 19) können nur mit Genehmigung des Landrabbiners angenommen und entlassen werden; vorbehältlich der obrigkeitlichen Genehmigung bei Zulassung von Ausländern (§. 73 und 74 des Gesetzes).

§. 58.

Die Landrabbiner haben alle Synagogen-Gemeinden ihres Bezirks mindestens alle fünf Jahre, und so oft es sonst von der Landdrostei bestimmt wird, zu bereisen, um sich vom Zustande des Synagogen-, Schul- und Armenwesens Kenntniß zu verschaffen.

Sie haben darüber der Landdrostei Bericht zu erstatten.

§. 59.

Die Landrabbiner sind auf Erfordern der Behörden zur Begutachtung von Fragen in Bezug auf jüdischen Glauben und auf jüdisches Ritual schuldig.

§. 60.

Sie haben ebenfalls Anfragen der jüdischen Einwohner ihres Bezirks in Bezug auf Glauben und Ritual zu beantworten.

§. 61.

Sie haben, unter Beobachtung der gesetzlichen Vorschriften, die in ihrem Bezirke vorkommenden Trauungen vorzunehmen oder die Unter-Rabbiner dazu zu ermächtigen. Ohne solche Ermächtigung darf kein Unter-Rabbiner eine Trauung vornehmen.

§. 62.

Die Juden dürfen sich keines andern als des Landrabbiners, in dessen Bezirke sie wohnen, bedienen.

§. 63.

Wer als Landrabbiner zugelassen werden will, muß nachweisen, daß er tüchtige Schulbildung erhalten, auch auf einer deutschen Universität hinreichende allgemeine Kenntnisse erworben habe und zugleich in Bezug auf jüdisch-theologische Kenntnisse die Befähigung durch ein Rabbinats-Diplom darthun.

§. 64.

Die Landrabbiner werden von den Synagogen-Gemeinden des Landrabbinats-Bezirks nach absoluter Stimmenmehrheit gewählt; vorbehältlich der Bestätigung des Ministeriums des Innern (§. 21 des Gesetzes).

§. 65.

Bei der Wahl hat jede Synagogen-Gemeinde Eine Stimme; diejenige, für welche der Landrabbiner zugleich als Unter-Rabbiner wirksam seyn soll, zwei Stimmen abzugeben.

Diese Gemeinde hat auch drei befähigte Candidaten vorzuschlagen, von welchen einer zu wählen ist.

§. 66.

Die Wahl muß erfolgen an dem Orte, wo der Landrabbiner seinen Sitz haben soll, und unter Leitung eines landdrosteilichen Commissarius, nach näherer von der Landdrostei zu treffender Bestimmung.

§. 67.

Es müssen alle Synagogen-Gemeinden des Bezirks zur Theilnahme an der Wahl aufgefordert werden.

§. 68.

Jede Synagogen-Gemeinde kann zu dem Ende einen Bevollmächtigten ernennen.

Die Synagogen-Gemeinden, welche nicht durch Bevollmächtigte vertreten sind, sollen als der Mehrheit beitretend angesehen werden.

§. 69.

Der Landrabbiner ist nach Anordnung der Landdrostei auf getreue Führung seines Dienstes zu beeidigen.

§. 70.

Die Besoldung der Landrabbiner ist, so weit sie nicht von der Synagogen-Gemeinde getragen wird, bei welcher der Landrabbiner als

Unter-Rabbiner anzustellen ist, von den Juden im Landrabbinats-Bezirke aufzubringen, nach dem eingeführten oder ferner festzustellenden Fuße.

Gleiches gilt von den Kosten der Umreisen des Landrabbiners.

§. 71.

Etwa angemessen scheinende Aenderung der jetzigen Bezirke der Landrabbinate bleibt vorbehalten. Das Wahlrecht der Gemeinden tritt dabei nicht in Wirksamkeit.

VII. Schluß.

§. 72.

Alle entgegenstehenden früheren Bestimmungen werden hiermit aufgehoben.

---

3. Hannöversche Verordnung

betreffend den Erlaß einer allgemeinen Synagogen-Ordnung

vom 31. December 1860 (I. Abth. Nr. 47).

Wir haben auf den Antrag der Landrabbiner Uns bewogen gefunden, hiemit der nachfolgenden, nach § 37 des Gesetzes über die Rechtsverhältnisse der Juden vom 30. September 1842 festgestellten allgemeinen Synagogen-Ordnung Unsere landesherrliche Bestätigung zu ertheilen:

Allgemeine Synagogen-Ordnung.

I. Allgemeines.

§ 1.

In jeder Synagogen-Gemeinde ist öffentlicher Gottesdienst zu den gewöhnlichen Gebetszeiten regelmäßig zu halten, jedenfalls an Sabbath- und Festtagen, sowie am Todestage der Eltern (Jahrzeit) eines Gemeindemitgliedes, wenn irgend thunlich auch an den Fast- und Halbfesttagen, am Neumondstage, am Vorabend des Neujahrs- und Versöhnungstages, sowie am Montage und Donnerstage Morgens.

Hat in einer Gemeinde der öffentliche Gottesdienst wegen zu geringer Anzahl von Theilnehmern (Minjan) wiederholt unterbleiben müssen, so kann der Landrabbiner nach Anhörung der Gemeinde anordnen, daß fortan jedes männliche Gemeindemitglied am Orte der Synagoge nebst den theilnahmefähigen männlichen Hausgenossen mindestens an denjenigen Tagen sich einfinde, oder einen Ersatzmann stelle, an denen nach § 1 öffentlicher Gottesdienst jedenfalls zu halten ist.

§ 2.

Der öffentliche Gottesdienst darf am Orte der Synagoge nur in dieser selbst abgehalten werden.

Ausnahmen sind nur zulässig bei Hochzeiten, Beschneidungen und bei Sterbefällen in den ersten 7 Trauertagen.

Für sonstige Fälle bedarf es vorgängiger Genehmigung des Vorstehers.

§ 3.

An Orten, wo die Synagoge nicht ist, kann regelmäßiger öffentlicher Gottesdienst nur mit Genehmigung des Landrabbiners abgehalten werden (Filialgottesdienst).

Vor der Genehmigung ist die Gemeinde zu hören.

§ 4.

Die Anlegung, Verlegung und Aufhebung einer Synagoge erfordert die Genehmigung der oberen Verwaltungsbehörde, die Einrichtung und Einweihung einer solchen die des Landrabbiners.

§ 5.

Abänderungen der bestehenden Form des Gottesdienstes (Liturgie und Ritus) bedürfen die Genehmigung des Landrabbiners, wesentliche Abänderungen durch den Letzteren die Zustimmung der Gemeinde.

II. Aufsicht über die Synagoge und den Gottesdienst.

§ 6.

Die Aufsicht über die Synagoge und den Gottesdienst liegt dem Vorsteher ob. (§§ 11, 13, 27 ff. der Ministerial-Bekanntmachung vom 19. Januar 1844, das jüdische Synagogen-, Schul- und Armenwesen betreffend).

Sind mehrere Vorsteher vorhanden, so entscheidet das Dienstalter; nöthigenfalls hat die Gemeinde einen derselben auszuersehen.

In größeren Gemeinden kann neben dem Vorsteher noch anderen Gemeindemitgliedern die Ueberwachung der Ordnung in der Synagoge aufgetragen werden. In kleineren Gemeinden ist für Fälle der Behinderung des Vorstehers ein Stellvertreter aus den Gemeindemitgliedern zu wählen.

§ 7.

Der Vorsteher (§ 6) hat darauf zu sehen:

a) daß die Synagoge nebst allem zum Gottesdienste Erforderlichen stets in gutem und angemessenem Zustande sei;
b) daß die Synagogen-Ordnung gehörig befolgt werde;
c) daß Vorbeter, Vorleser und Synagogendiener ihre Pflichten pünktlich erfüllen.

§ 8.

Der Vorsteher muß es sich angelegen sein lassen, wenigstens an Sabbath- und Festtagen dem Gottesdienste thunlich vom Beginn bis zur Beendigung beizuwohnen und hat im Behinderungsfalle den Stellvertreter zeitig zum Erscheinen zu veranlassen.

§ 9.

Außer den § 6 Bezeichneten darf Niemand Ruhe und Ordnung in der Synagoge gebieten, noch andere zur Aufsicht über dieselbe und den Gottesdienst gehörige Handlungen vornehmen.

Bemerkte Ordnungswidrigkeiten sind erst nach Beendigung des Gottesdienstes dem die Aufsicht Führenden anzuzeigen.

§ 10.

Vorlesen von Bekanntmachungen in der Synagoge, sowie Anschlagen und Abnehmen von solchen in oder an der Synagoge, steht nur dem Vorsteher oder den von ihm Beauftragten zu.

Bekanntmachungen, welche nicht zum Gottesdienste gehören, dürfen in der Synagoge nur auf Grund höherer Anweisung verlesen werden.

§ 11.

Mit Ausnahme des Rabbiners, Vorstehers oder des von dem Landrabbiner besonders Beauftragten darf Niemand Fehler oder Versehen des Vorbeters oder Vorlesers während des Gottesdienstes verbessern.

§ 12.

Den Anordnungen des die Aufsicht über den Gottesdienst Führenden ist unweigerlich Folge zu leisten.

§ 13.

Beschwerden über die Anordnungen und Weisungen des die Aufsicht über die Synagoge und den Gottesdienst Führenden sind nach dem Gottesdienste beim Landrabbiner anzubringen.

III. Aeußere Ordnung des Gottesdienstes.

§ 14.

Ueber die Vertheilung der Stellen in der Synagoge beschließt die Gemeinde, unbeschadet wohlerworbener Rechte Einzelner.

§ 15.

Den Armen sollen auf Wunsch Stellen unentgeltlich vom Vorsteher angewiesen werden, soweit solches thunlich.

§ 16.

Die Anfangszeit des Gottesdienstes richtet sich nach dem Hannoverschen jüdischen Kalender.

Abweichungen sind nur mit Genehmigung des Landrabbiners zulässig.

Die Anfangszeit ist in der Synagoge durch Anschlag bekannt zu machen.

§ 17.

Der Gottesdienst muß pünktlich zur festgesetzten Zeit anheben. Auf die rituell erforderliche Anzahl von Personen (Minjan) ist höchstens 10 Minuten zu warten.

Nach Verlauf solcher Zeit hat der Vorbeter mit Hinweglassung der Minjan erfordernden Gebete im Vorbeten fortzufahren.

§ 18.

Zum Gottesdienste muß Jeder möglichst in angemessener und würdiger Kleidung erscheinen. Gottesdienstliche Handlungen sind jedenfalls an den Sabbath- und Festtagen Morgens nur im Hut oder schwarzen Käppchen zu verrichten.

§ 19.

Kinder unter sechs Jahren dürfen dem Gottesdienste nicht beiwohnen.

Frauen und Mädchen sind in der Männerabtheilung der Synagoge nur bei Trauungen, Religionsweihen und wenn es sonst nach der gottesdienstlichen Handhabung erforderlich ist, zuzulassen.

§ 20.

In der Synagoge muß während des Gottesdienstes feierliche ehrfurchtsvolle Stille herrschen.

Zusammenstehen vor der Synagoge, sowie in der Vorhalle, desgleichen lautes Sprechen daselbst ist verboten.

§ 21.

Auch die Ausübung ritueller Vorschriften darf nicht mit Verletzung des Anstandes geschehen. Im Besonderen ist zu unterlassen das Aus- und Anziehen der Fußbekleidung in der Synagoge vor dem Priestersegen u. s. w., sowie unnöthiges Geräusch beim Abschlagen des Weidenstraußes und dergleichen.

§ 22.

Lautes Mitbeten, Mitsingen und Mitlesen mit dem Vorbeter und Vorleser, ebenso überlautes Verrichten der Gebete ist untersagt.

§ 23.

Bei denjenigen Gebeten, die Vers um Vers gesprochen werden, dürfen weder Vorbeter noch Gemeinde vorzeitig einfallen.

§ 24.

Das Gebet der Leidtragenden (Kaddisch) ist vom Vorbeter stets laut und deutlich vorzutragen und von sämmtlichen Leidtragenden gleichzeitig mit ihm vor der heiligen Lade zu verrichten.

§ 25.

Beim Chorgesange, wo solcher besteht, ist unzeitiges und überlautes Mitsingen zu vermeiden.

§ 26.

Zuwiderhandlung gegen die Bestimmungen der §§ 18—25 ist von dem die Aufsicht Führenden durch Ermahnung zur Ruhe und Ordnung entgegenzutreten.

Widersetzlichkeiten ist ohne Störung des Gottesdienstes, soweit thunlich, sofort zu begegnen, nöthigenfalls Bestrafung nach § 37 des Gesetzes vom 30. September 1842 zu veranlassen.

IV. Vorbeter und Synagogendiener.

§ 27.

Das Vorbeten soll in der Regel nur von dem bestellten Vorbeter geschehen.

Für geeignete Stellvertretung hat der Vorsteher im Voraus zu sorgen.

Zu Stellvertretern sind vorzugsweise diejenigen auszuersehen, welche von der Gemeinde nach § 28 erwählt sind. Ist der Vorbeter behindert, so hat er zeitig dem Vorsteher Anzeige zu machen.

§ 28.

Zum Vorbeten der Bußgebete (Selichoth), der Gebete am Neujahr- und Versöhnungstage, sowie zum Blasen der Posaune (Schofar) sind die geeigneten Personen von der Gemeinde zeitig zu bestimmen.

Beschwerden über die Wahl unfähiger oder unwürdiger Personen entscheidet der Landrabbiner.

§ 29.

Die Beschlußnahme über Amtstracht des Vorbeters und des Synagogendieners an Sabbath- und Festtagen bleibt der Gemeinde überlassen.

§ 30.

Der Vorbeter hat den Gottesdienst mit Anstand und Würde zu leiten und alles Störende zu vermeiden.

Der Vortrag der Gebete ist weder zu übereilen, noch unverhältnißmäßig zu dehnen. Profaner und überflüssiger Gesang ist unstatthaft.

Dem Gesange sind die üblichen einfachen Sangweisen unterzulegen.

In größeren Gemeinden ist thunlichst Chorgesang einzuführen.

§ 31.

Der Vorbeter hat sich streng nach der Synagogenordnung zu richten.

Willkührliche Abänderungen, Zusätze und Auslassungen sind demselben untersagt.

§ 32.

Der Vorbeter hat die aus der Thora vorzulesenden Abschnitte nach Vocalen und Accenten richtig vorzulesen.

§ 33.

Der Synagogendiener oder der dessen Stelle Vertretende hat alle äußeren Vorrichtungen, welche der Gottesdienst erfordert, als Lichtanzünden u. s. w. vor dem Beginne desselben zu treffen.

Er hat nach beendigtem Gottesdienste in der Synagoge Alles wiederum in die gehörige Ordnung zu bringen.

V. Vorlesen der Thora und Ehrenrechte.

§ 34.

In der Synagoge ist der meistbietende Verkauf der Ehrenrechte (Mizwoth) verboten. Ueber die Erhebung von Opfer- und Ceremoniengeldern anstatt der verkäuflichen Ueberlassung der Ehrenrechte überhaupt, beschließt die Gemeinde.

§ 35.

Jede Gemeinde hat binnen drei Monaten nach Verkündigung dieser Synagogen-Ordnung über die Vertheilung der Ehrenrechte in der Synagoge und die Ordnung des Aufrufes zur Thora Beschluß zu fassen und solchen dem Landrabbiner zur Genehmigung vorzulegen.

§ 36.

Besteht kein genehmigter Beschluß, so tritt folgende Ordnung ein:

1. Das Ein- und Ausheben der Thora verrichtet der Rabbiner; wo ein solcher nicht ist, der Vorsteher.

2. Den Beistand beim Vorlesen der Thora (Segan) leisten die stimmberechtigten Gemeindemitglieder nach dem Alter ihres Eintritts in die Gemeinde, so daß jedes Mitglied einen (jüdischen) Monat, und wenn mehr als 20 stimmberechtigte Mitglieder vorhanden sind, eine Woche das Amt zu versehen hat.

   Bei Behinderung des hiernach Berufenen (Segan) vertritt denselben der Vorsteher oder dessen Stellvertreter.

   Am Neujahrs-, sowie am Versöhnungstage verrichtet der Vorsteher jedesmal das Segan.

3. Für das Aufrufen zur Thora an den Sabbath- und Festtagen, sowie am 7ten Tage des Laubhüttenfestes (Hosehanah-rabbah) wird eine Liste sämmtlicher stimmberechtigter Gemeindemitglieder nach der Zeit des Eintritts in die Gemeinde, daneben eine Liste aller übrigen Gemeinde-Angehörigen nach dem Lebensalter angefertigt.

   Nach Maßgabe dieser Listen erfolgt an jedem Sabbath- und Festtage Morgens durch den Segan das Aufrufen zur Thora, dergestalt, daß zuerst eine Anzahl stimmberechtigter, sodann eine entsprechende Anzahl sonstiger Gemeinde-Angehörigen aufgerufen wird.

   Ist ein hiernach Aufzurufender abwesend, so wird er für dasmal übergangen, bleibt jedoch zur Entrichtung der etwa festgesetzten Gebühr gehalten

4. Am Neujahrs- und am Versöhnungstage dürfen mit Ausnahme der Thorapflichtigen (§ 40) und besonders achtbarer Fremden nur stimmberechtigte Mitglieder aufgerufen werden.

   Die Reihefolge für den Aufruf beginnt jedes Mal am Neujahrstage von Neuem.

   Am Versöhnungstage sind der Vorsteher und die Vorstandsmitglieder auch außer der Reihe, soweit thunlich, zur Thora zu rufen.
5. Geschieht der Aufruf zu anderer als der Ziffer 3 und 4 bezeichneten Zeit so bestimmt der Segan die Reihenfolge.
6. Gemeindemitglieder, welche 5 Jahre lang stimmberechtigt gewesen, behalten ihren Rang beim Aufrufen zur Thora auch dann, wenn sie die Stimmberechtigung wegen Unvermögens zur Zahlung der Beiträge verlieren.
7. Der Vorsteher bezw. der Segan ist befugt, anwesende Fremde in die Reihe der Aufzurufenden einzuschalten.

   Zeitig hierauf gestellte Anträge stimmberechtigter Gemeindemitglieder sind thunlichst zu berücksichtigen.
8. Von wem die zweite, beziehungsweise dritte Thora beim Ausheben getragen werden soll, bestimmt der Segan, ebenso das Oeffnen der heiligen Lade. Letztere soll jedoch am Neujahrs- und Versöhnungstage während der ganzen Wiederholung der achtzehn Segenssprüche (Schemoneh-essreh) geöffnet bleiben.
9. Das Aufheben und Zurollen der Thora geschieht von dem Segan und dem Vorbeter bezw. dem zuletzt Aufgerufenen.

§ 37.

Das Aufrufen zur Thora durch Karten ist zulässig.

§ 38.

Zum Vortrage des Abschnitts aus den Propheten (Haphtarah) soll in der Regel nur der Rabbiner, der Vorbeter oder der Lehrer zugelassen werden.

§ 39.

Ohne Genehmigung des Synagogenvorstehers darf Niemand das Recht auf eine gottesdienstliche Handlung einem Andern übertragen.

Auch darf Niemand das Aufgehen zur Thora oder die Verrichtung sonstiger ihm aufgetragener gottesdienstlicher Handlungen in der Synagoge verweigern.

§ 40.

Das Recht der Thorapflichtigen (Chijuwim), deren Anmeldung jedoch zeitig geschehen muß, bestimmt sich nach folgender Rangordnung:

1. Der Knabe an dem Sabbath nach zurückgelegtem dreizehnten Lebensjahre (Barmizwah);
2. Der Bräutigam am Sabbath vor und nach seiner Hochzeit;
3. Der Ehemann an dem Sabbath, wenn seine Ehefrau aus den Wochen geht;
4. Der Gevatter bei der Beschneidung;
5. Der Vater des zu beschneidenden Kindes;
6. Wer den Sterbetag seiner Eltern begeht;
7. Wer die Beschneidung eines Kindes vollzieht;
8. Der Bräutigam am Sabbath nach der Verlobung;
9. Wer für die Rettung aus Gefahr sein Dankgebet sprechen will;

10. Wer die Posaune am Neujahr bläst oder wer an den hohen Festtagen den Vorbeter ersetzt, in beiden Fällen jedoch nur, wenn dies unentgeltlich geschieht und hinsichtlich des Neujahrs nur an einem Tage.

§ 41.

Ob und wieweit nicht stimmberechtigte Gemeindemitglieder oder Fremde thorapflichtig (§ 40 Ziffer 1—10) sein sollen, beschließt die Gemeinde.

§ 42.

Die Reihenfolge mehrer Thorapflichtigen desselben Grades richtet sich nach dem Lebensalter.

§ 43.

Wegen des Ausrufs des Landrabbiners zur Thora verbleibt es bei dem in der Gemeinde Bestehenden.

Die Gemeindebeamten sind hinsichtlich des Aufrufs zur Thora wie beitragende Mitglieder zu behandeln.

§ 44.

In der Regel darf keine größere als die rituell vorgeschriebene Anzahl von Personen zur Thora gerufen werden, selbst nicht am Gesetzes-Freudenfeste.

Zum Aufrufe beim letzten und ersten Abschnitte der Thora (Chathan-Thora und Bereschith) gelangen die beitragenden Mitglieder nach der Reihenfolge ihres Eintritts in die Gemeinde. In größeren Gemeinden bleibt es dieserhalb beim Bestehenden.

Die Reihenfolge für das Tragen der Thora-Rollen bei den feierlichen Umzügen in der Synagoge bestimmt, wo nicht Anderes herkömmlich ist, der Vorsteher.

§ 45.

Der Segen (Mischeberach) für jeden einzelnen Aufgerufenen fällt in Zukunft hinweg. Dafür soll vom Vorbeter nach Beendigung der Thora-Vorlesung ein allgemeiner Segen für sämmtliche Aufgerufene und deren Angehörige gesprochen werden.

Ausnahmen sind bei angemessener Spende zulässig:

a) am Neujahr, am Versöhnungstage und bei der Seelengedächtnißfeier (Matnatjad);

b) für Kranke, für eine Wöchnerin, sowie bei anderen Familienfesten von Mitgliedern.

Es dürfen jedoch nicht mehr als höchstens zwei Mischeberach gesprochen und in keinem mehr als drei Namen genannt werden.

Bei der Seelengedächtnißfeier hat der Landrabbiner bezw. der Vorbeter einen allgemeinen Segensspruch, ohne Benennung Einzelner, zu sagen.

§ 46.

Das Ablesen der biblischen Bücher, Hohes Lied, Ruth und Prediger Salomonis kann an den betreffenden Tagen nach beendigtem Morgen- oder vor dem Nachmittags-Gottesdienste stattfinden.

Ebenso können am Sabbath-Nachmittag die Psalmen (Borachi-Nafschi), oder die Sprüche der Väter (Pirke-Aboth) vor Anfang des Nachmittags-Gottesdienstes gesprochen werden.

Desgleichen können der jedesmalige Tagespsalm (Schir schel jôm) und die Lobgebete Schirhajichud und Anim semiroth vor dem Gebete Baruch scheamar gebetet werden.

VI. Vorträge.

§ 47.

In der Synagoge soll in der Regel mindestens am Sabbath vor dem Neumonde, an den Sabbathen unmittelbar vor dem Passahfeste und dem Versöhnungstage, desgleichen an dem Sabbath des Weihfestes (Chanuccah), nicht minder an einem Tage der drei Hauptfeste, am ersten Tage des Neujahrs und am Versöhnungstage von dem Landrabbiner oder dem damit beauftragten Lehrer eine Predigt gehalten oder vorgelesen werden.

An den Sabbathen, an denen nicht gepredigt wird, sind sonstige religiöse Vorträge in deutscher Sprache, als Uebersetzen und Erklären des Propheten-Abschnitts (Haphtarah) und dergleichen zu halten (Gesetz vom 30. September 1842 § 36).

§ 48.

Vor oder nach der Predigt soll, wo thunlich, ein Psalm oder ein vom Landrabbiner näher zu bezeichnender Choral gesungen werden.

§ 49.

Das Gebet für den König, die Königin und das Königliche Haus ist allsabbathlich von dem Vorbeter, bezw. dem Landrabbiner, mit der Thora im Arme, feierlichst zu sprechen, während dessen die Anwesenden stehen.

Am Geburtstage des Königs und der Königin — sofern es nicht anders thunlich, am darauf folgenden Sabbathe — soll nach näherer Anweisung des Landrabbiners in den Synagogen eine angemessene Feier stattfinden.

VII. Casualfeierlichkeiten.

a) Beschneidung.

§ 50.

Zur Vornahme der Beschneidung sollen nur vorschriftsmäßig geprüfte Männer zugelassen werden.

Die Prüfung in operativer Beziehung geschieht von einem Physicus, in ritueller Beziehung durch den Landrabbiner unter Hinzuziehung eines bewährten und erfahrenen Sachverständigen.

Zur Beschneidung soll außer dem sie Vollziehenden in der Regel ein Arzt oder Wundarzt, und wo thunlich noch ein zweiter derselben Kundiger zugezogen werden.

Die Vornahme der Beschneidung in der Privatwohnung ist zulässig; jedoch ist der Synagogenvorsteher von der Absicht zeitig in Kenntniß zu setzen.

Die Beschneidung unehelicher Kinder soll außerhalb der Synagoge stattfinden.

b) Religionsweihe (Confirmation).

§ 51.

Die feierliche Schulentlassung (Religionsweihe, Confirmation) soll fortan thunlichst überall stattfinden.

§ 52.

Die Feier zerfällt

1. in die öffentliche Prüfung über die wichtigsten Grundsätze der jüdischen Glaubens- und Sittenlehre;
2. in die feierliche Entlassung.

Beide Handlungen können getrennt oder verbunden geschehen.

§ 53.

Der Schulentlassung soll außer dem gewöhnlichen Religionsunterrichte ein besonderer Unterricht in der Glaubens- und Sittenlehre vorangehen.

Derselbe soll mindestens drei Monate vor der Entlassungsfeier in wöchentlich zwei Stunden ertheilt werden.

§ 54.

An diesem Unterricht haben sämmtliche schulpflichtige Kinder, auch die von einem Privatlehrer oder Hauslehrer unterrichteten, Theil zu nehmen.

Die Eltern und Vormünder sind zu zeitiger Anmeldung verpflichtet.

Dispensation von der Theilnahme (Abs. 1) kann der Landrabbiner in geeigneten Fällen ertheilen.

§ 55.

Zur Entlassungsfeier können nur diejenigen Kinder zugelassen werden, welche das schulpflichtige Alter zurückgelegt (§ 2 der Schulordnung vom 5. Februar 1854) haben und der Entlassung fähig befunden sind.

§ 56.

Nur der Landrabbiner, Rabbiner oder der dazu vom Landrabbiner besonders ermächtigte Lehrer dürfen die Entlassung vollziehen.

§ 57.

Die Handlung soll in der Synagoge, der Regel nach am Wochenfeste, stattfinden.

Die Feier geschieht nach Anweisung des Landrabbiners. Störung der Feier wird wie Störung des Gottesdienstes geahndet.

§ 58.

Der Gebrauch, nach welchem Knaben am ersten Sabbath nach zurückgelegtem dreizehnten Lebensjahre aus der Thora vorlesen (§ 40 Ziffer 1), kann beibehalten werden. Jedoch ist die Vorlesung auf einen Abschnitt aus der Thora zu beschränken.

c. Trauungen.

§ 59.

Die Trauung soll in der Regel in der Synagoge geschehen.

Ausnahmen in geeigneten Fällen sind zulässig.

Der Landrabbiner darf die Trauung in der Synagoge aus sittlich-religiösen Gründen verweigern.

§ 60.

Der Vorsteher hat für gehörige Aufrechthaltung der Ruhe und Ordnung in der Synagoge auch bei Trauungen zu sorgen.

§ 61.

Die Trauung soll in der Regel unter einem Trauhimmel (Chuppah) geschehen.

Wird ein Trauhimmel angewandt, so ist das Bedecken der Brautleute mit einem Gebetmantel (Tallith) nicht erforderlich.

§ 62.

Die Trauung beginnt mit einer einleitenden kurzen Anrede an die Brautleute über die Wichtigkeit der zu übernehmenden Pflichten.

Die eigentliche Trauhandlung (Siddur hakkidduschin) findet nach herkömmlichem Ritus statt.

Die rituelle Eheverschreibung (Ketuba) ist auch deutsch zu verlesen.

Die Segenssprüche bei der Trauung sind von dem sie Vollziehenden vorzutragen. Gebet und Segen beschließen die Trauung.

§ 63.

Das Herumführen der Braut um den Bräutigam, das sogenannte Mahnführen, das Glaszerbrechen und ähnliche Ceremonien sind zu vermeiden.

d) Begräbnisse.

§ 64.

Zu gesetzlicher und würdiger Bestattuug der Leichen ist thunlichst in jeder Synagogen-Gemeinde eine Brüderschaft zu bilden.

Die Rechte und Pflichten der Mitglieder der bestehenden und ferner zu bildenden Brüderschaften sind mit Genehmigung des Landrabbiners statutenmäßig festzustellen.

§ 65.

Besteht in einer Synagogen-Gemeinde eine Brüderschaft nicht, so hat der Synagogenvorsteher dafür zu sorgen, daß die Bestattung der Leichen dem Ritus gemäß geschieht.

§ 66.

Die Vorschriften über die Zeit der Beerdigung sind streng zu beachten.

§ 67.

Alles, was mit der Leiche rituell vorzunehmen ist, kann, soweit thunlich, schon im Trauerhause geschehen; daselbst ist auch der Riß in das Kleid zum Zeichen der Trauer (Kriah) zu machen.

§ 68.

Die größeren Gemeinden haben, wo möglich, für die Anschaffung eines Leichenwagens Sorge zu tragen.

Ist in einer Gemeinde kein Leichenwagen, so ist die Leiche mit einem aus den Mitteln der Brüderschaft, eintretenden Falls der Synagogen-Gemeinde, anzuschaffenden schwarzen Leichentuche zu bedecken, innerhalb des Orts mit Ordnung zu tragen und der Regel nach erst außerhalb desselben auf den etwa zu verwendenden Wagen zu bringen.

§ 69.

Die Leiche ist, wo irgend thunlich, von mindestens zehn männlichen Personen, die das dreizehnte Lebensjahr zurückgelegt haben, bis zum Friedhofe zu begleiten.

Die von der Brüderschaft oder vom Vorsteher zu bestimmenden Träger und Begleiter müssen mit einem schwarzen Hute bedeckt und anständig gekleidet sein.

Letztere folgen paarweise der Leiche, bezw. den Leidtragenden in geordnetem Zuge.

§ 70.

Ehe die Leiche auf dem Friedhofe anlangt, muß das Grab fertig sein.

§ 71.

Die auf dem Friedhofe zu verrichtenden Gebete sind von dem Vortragenden laut, von den Uebrigen leise zu sprechen.

VIII. Schlußbestimmungen.

§ 72.

Mit Genehmigung der oberen Verwaltungsbehörde kann der Landrabbiner Dispensation von einzelnen Bestimmungen der gegenwärtigen Synagogen-Ordnung auf den Antrag einer Synagogen-Gemeinde für dieselbe, soweit nöthig, eintreten lassen.

§ 73.

Zweifel über Auslegung der Synagogen-Ordnung, sowie Streitigkeiten über Anwendung derselben entscheidet der Landrabbiner, unbeschadet der Berufung an die obere Verwaltungsbehörde.

§ 74.

Alle bisherigen Synagogen-Ordnungen sind von dem Eintritte der gegenwärtigen Synagogen-Ordnung an aufgehoben.

Jedoch ist der Landrabbiner ermächtigt, solche Bestimmungen der betreffenden bisherigen Synagogen-Ordnung, welche denen der gegenwärtigen nicht widerstreiten, bis zu anderweitem Beschlusse der Gemeinde durch besondere Verfügung aufrecht zu halten.

§ 75.

Der zuständige Landrabbiner hat die zur Ausführung der gegenwärtigen Synagogen-Ordnung erforderlichen Vorschriften zu erlassen.

Wir verordnen, daß die vorstehende allgemeine Synagogen-Ordnung mit dem 1. März k. J. in Kraft trete und verweisen wegen Uebertretung derselben auf die Strafvorschrift im § 37 des Gesetzes über die Rechtsverhältnisse der Juden vom 30. September 1842.

---

c.

Kurhessische Verordnung

die gemeinheitlichen Verhältnisse der Israeliten betreffend

vom 30. December 1823 (G. S. Nr. XII. Decbr.)

Erster Abschnitt.

Von den jüdischen Gemeinden überhaupt.

§. 1.

Die Judenschaft soll in Beziehung auf die gemeinheitlichen Angelegenheiten in eigene Gemeinden abgetheilt werden, welche aus den israelitischen Bewohnern eines Ortes oder denen mehrerer Orte sich bilden.

Von der Regierung jeder Provinz soll die Zusammensetzung dieser Gemeinden auf den Vorschlag des Vorsteher-Amtes unter vollständiger Berücksichtigung der Oertlichkeit und des Bedürfnisses vorerst auf drei Jahre geschehen, nach deren Ablauf aber die schließliche Abtheilung an Unser Ministerium des Innern zu Unserer Bestätigung einberichtet werden.

§. 2.

Eine jede solche Gemeinde soll in der Regel ihr eigenes Bethaus (Synagoge) haben. So lange einzelnen Gemeinden ein solches Bethaus mangeln wird, haben dieselben ihren Gottesdienst in dem Bethause der nächsten Gemeinde zu halten.

§. 3.

Außer den öffentlichen Bethäusern darf kein israelitischer Gottesdienst, noch eine gemeinschaftliche, nicht in der Synagogen-Ordnung (s. §. 16) zugelassene, Andachts-Uebung von Anderen, als Familiengenossen, Statt finden.

§. 4.

Jede Synagogen-Gemeinde hat, nach ihrem Umfange, mehrere Aelteste. Sie werden von dem Kreis-Vorsteher dem Kreisrathe bezeichnet, und von diesem, nachdem er sich von ihrer Tüchtigkeit überzeugt haben wird, dem landesherrlichen Kommissar für die judenschaftlichen Angelegenheiten der Provinz vorgeschlagen, welcher, wenn er nichts dawider zu erinnern findet, deren Bestellung durch das Vorsteher-Amt veranlaßt, und dem Kreisrathe die Bestellungs-Urkunde übersendet. Dieser hat darauf die Aeltesten zu verpflichten und deren Bestellung der Gemeide bekannt zu machen.

§. 5.

Jede Synagogen-Gemeinde soll einen Vorsänger haben, welcher von der Gemeinde mit vorgängiger Genehmigung des Kreisamtes bestellt und vom (Provinzial-) Vorsteher-Amte bestätigt wird, auch von Letzterem entlassen werden kann, sobald er sich eines übelen Lebenswandels schuldig macht, oder die Gemeinde nachweiset oder das Landrabbinat erklärt, daß er seinem Berufe nicht entspreche.

§. 6.

Die Bestellung besonderer Schächter findet nicht weiter Statt, und es bleibt den Juden überlassen, zum Schlachten ihres Viehes Personen, welche dazu von einem Rabbiner tüchtig erklärt worden sind, nach eigener Wahl zu gebrauchen. Den Rabbinern ist das Viehschlachten niemals, und deren Gehülfen sowie den Vorsängern nur ausnahmsweise in gänzlicher Ermangelung anderer geeigenschafteten Personen zu gestatten.

§. 7.

Alle größeren Gemeinden, welche einen Rabbiner besolden können, sollen einen solchen als Seelsorger haben, und diesem zugleich der Unterricht der Jugend in der Religion und die Führung der Synagogenbücher obliegen.

Die kleineren Gemeinden haben sich zur Haltung eines Rabbiners entweder mit den größeren Gemeinden oder unter einander der Regel nach in der Art zu vereinigen, daß für jeden Kreis ein Rabbine vorhanden sey.

§. 8.

Diejenigen Israeliten, welche Unterricht in der Religion ertheilen wollen, müssen zuvor über die Kenntnisse, welche von dergleichen Lehrern im Allgemeinen erfordert werden, und zwar die Bewerber um Rabbinen=Stellen, durch die geeigneten Mitglieder der philosophischen Fakulät in Marburg, sowie die übrigen Lehrer durch die betreffende Kommission zur Prüfung der Bewerber um Schulstellen, sämmtlich aber rücksichtlich der jüdischen Religionslehre durch das Landrabbinat, im Beiseyn des landesherrlichen Kommissars (s. §. 35) oder eines geeigneten Stellvertreters desselben geprüft und zum Berufe eines Lehrers und beziehungsweise eines Rabbinen und Seelsorgers tüchtig befunden seyn. Jeder Bewerber um eine Rabbinen=Stelle muß auch vor der Prüfung eine Probepredigt in teutscher Sprache halten, über deren Werth in Hinsicht auf inneren Gehalt und Vortrag der erwähnte landesherrliche Kommissar und das Landrabbinat nebst den zugezogenen Mitgliedern des Vorsteher=Amtes zu berichten haben.

§. 9.

Die Bestellung sowie die Entlassung der Rabbinen der Gemeinden oder Kreise geschiehet durch die Regierung der Provinz auf den Vorschlag des Vorsteher=Amtes.

§. 10.

Der Rabbine darf zugleich nach Erfordern der Umstände das Amt eines Vorsängers versehen, durchaus aber keinen Handel treiben (vergl. auch §. 6.). Dagegen hat er einen angemessenen ständigen Gehalt zu beziehen, welcher auf die in den §. §. 44 fg. bestimmte Weise aufgebracht wird.

§. 11.

Den Rabbinen, welche wegen des großen Umfanges ihres Amtsbezirkes oder wegen abnehmender Kräfte ihrem Berufe ein vollständiges Genüge zu leisten außer Stande sind, dürfen durch die Regierung auf den Vorschlag des Vorsteher=Amtes Gehülfen beigegeben werden, welche die dazu erforderlichen Kenntnisse besitzen müssen, und vorerst hauptsächlich aus den bereits vorhandenen Lehrern auszuwählen sind.

§. 12.

Die jüdischen Glaubensgenossen sind verbunden, ihre Kinder in die öffentlichen Schulen ihres Wohnortes zu schicken. Es stehet jedoch den Juden eines Ortes oder mehrerer benachbarten Orte frei, eine eigene öffentliche und mit geprüften Lehrern gehörig zu besetzende Schule, unter der Aufsicht des Vorsteher-Amtes sowie des Kreisrathes und unter der Leitung der Regierung, mit der Genehmigung Unseres Ministeriums des Innern einzurichten. Hingegen wird die Annahme von Privatlehrern zum Ersatze des öffentlichen Schulunterrichts da, wo für denselben durch eine zureichende Anstalt gesorgt ist, gänzlich untersagt; auch soll zum Halten irgend eines jüdischen Privatlehrers, wenn gleich blos für den Religions-Unterricht, die Erlaubniß der Regierung, bei Meidung einer Geldbuße von zwanzig Thalern, ausgewirkt werden, welche Strafe bei fortgesetztem Zuwiderhandeln bis zu zweihundert Thalern erhöht werden darf.

§. 13.

Die israelitischen Religionslehrer haben in dem Unterrichte der Jugend und der Erwachsenen allgemeine Menschenliebe, Unterwürfigkeit unter die Obrigkeit, Fügung in die bürgerliche Ordnung und Liebe zu dem Lande, in welchem sie geboren sind oder ihren Lebensunterhalt und Schutz finden, nach eigener Angabe und richtiger Auslegung ihrer wesentlichen Religions-Vorschriften zu lehren.

§. 14.

Die Rabbinen und die Gemeinde-Aeltesten sollen ferner gemeinschaftlich mit allem Fleiße dahin wirken, daß die Knaben dem Ackerbau und anderen ordentlichen Erwerbszweigen gewidmet, und von dem verderblichen Schacherhandel abgezogen werden, ein jedes Widerstreben, besonders der Eltern, aber sofort dem Kreisrathe mittheilen, welcher die nöthigen Vorkehrungen zu treffen und darüber an die Regierung zu berichten hat. Damit die erforderliche Aufsicht auf diesen Gegenstand gehalten werden könne, haben die Gemeinde-Aeltesten nach einem vorzuschreibenden Muster ein Buch zu führen, worin alle Israeliten männlichen Geschlechts ihres Bezirkes, nach ihrem Vor- und Zunamen, Geburtsorte und Geburtstage, mit Angabe ihres Vaters, dessen Standes und Gewerbes, sowie dessen, welches der Sohn bereits treibt, oder welchem er sich widmen will, genau verzeichnet sind. Aus diesen Büchern sollen in jedem Kreise halbjährig auszugsweise die geeigneten Nachrichten dem Kreis-Vorsteher zur Weiterbeförderung sowohl an das (Provinzial-) Vorsteher-Amt, als an den Kreisrath, zugesandt werden, um danach die Fortschritte in der Gewerblichkeit und der Theilnahme an den Beschäftigungen der übrigen Unterthanen zu ermessen und dadurch Anlaß zu näherer Nachforschung und geeigneten Maasregeln zu erhalten.

§. 15.

Die Ordnung in der Synagoge wird gemeinschaftlich von dem Rabbinen und den Gemeinde-Aeltesten, in Abwesenheit und Ermangelung des Ersteren aber von den Letzteren allein gehandhabt. In dieser Beziehung sind auch dem Rabbinen und den Gemeinde-Aeltesten die Vorsänger und dergleichen Synagogen-Diener unterworfen, und haben sie die Befugniß, eine Ordnungsstrafe von einem halben bis zu drei Pfund Wachs zu verhängen, vorbehaltlich der Berufung an das Vorsteher-Amt.

§. 16.

Für die Abstellung der in das Kultus- und Synagogenwesen eingeschlichenen, dem Judenthume selbst fremden Mißbräuche wird in einer eigenen Synagogen- und Rabbinats-Ordnung gesorgt, und in dieser namentlich über die Predigten und den Gesang nähere Bestimmung dahin getroffen werden, daß die teutsche Sprache dabei vorzugsweise gebraucht werde. Auch soll die Einführung sowohl eines zweckmäßigen Lehrbuches der jüdischen Religion in teutscher Sprache zum Gebrauche bei dem Jugend-Unterrichte, als eines ebenfalls hierzu dienlichen teutschen Gesangbuches, durch das Landrabbinat mit Genehmigung Unseres Ministeriums des Innern veranstaltet werden.

§. 17.

Die Trauungen können künftig nur von dem Gemeinde-, Kreis- oder Provinzial-Rabbinen und ausnahmsweise von demjenigen Vorsänger, welcher dazu auf das Gutachten des Landrabbinats von der Regierung ermächtigt ist, verrichtet werden. Vor einer jeden Trauung aber muß, bei Meidung der im §. 3 des Ministerial-Ausschreibens vom 24. Dezember 1821 bestimmten Strafe, die gerichtliche Bescheinigung über die geschehene Ehe-Anzeige, mit der weiter auszuwirkenden (darunter zu setzenden) Erklärung des Kreisrathes, „daß der Heirath nunmehr nichts mehr im Wege stehe", vorgelegt werden.

§. 18.

Die Rabbinen und die Aeltesten der Gemeinden, und in Ermangelung Ersterer die Vorsänger, haben gemeinschaftlich Synagogen-Bücher in deutscher Sprache und Schrift doppelt zu führen, in welche alle in ihrer Gemeinde vorfallenden Geburten, Trauungen und Sterbefälle ohne Verzug pünktlich und gewissenhaft nach folgenden Rubriken eingezeichnet werden müssen, nämlich

A. im Geburts=Register:

1) Jahr, Monat und Tag der Geburt,
2) Geschlecht und Vorname des Geborenen,
3) Vor= und Zunamen, auch Stand der ehelichen Eltern, und beziehungsweise der außerehelichen Mutter, sowie des außerehelichen jüdischen Vaters, falls dieser in die Eintragung seines Namens selbst einwilligt, oder dessen Vaterschaft durch richterliches Erkenntniß erklärt ist;

B. im Trauungs=Register:

1) Jahr, Monat und Tag der Trauung,
2) Vor= und Zunamen, Stand und Alter der neuen Eheleute, sowie im Falle ein oder beide Theile schon verheirathet waren, deshalbige Bemerkung nebst den Namen der früheren Ehegatten,
3) Vor= und Zunamen auch Stand der beiderseitigen Eltern der Eheleute;

C. im Sterbe=Register:

1) Jahr, Monat und Tag des Todes,
2) Tag der Beerdigung,
3) Vor= und Zunamen, Stand und Alter des (der) Verstorbenen, auch bei Minderjährigen Namen und Stand der Eltern.

Auf der ersten Seite eines jeden dieser gehörig gebundenen Bücher hat der Kreisrath die Seitenzahl desselben mit seiner Unterschrift zu bemerken.

§. 19.

Ein jeder zur Eintragung in das Synagogen=Buch geeignete Fall ist binnen drei Tagen dem Rabbinen oder, wo der Rabbine fehlt, dem Vorsänger oder einem Aeltesten bei fünf Thalern Strafe anzuzeigen, die Eintragung im Synagogen=Buche aber von dem Rabbinen (oder Vorsänger) und den Aeltesten gemeinschaftlich durch Unterschrift zu beurkunden.

Die Aufbewahrung der Synagogen=Bücher geschiehet an einem wohlverwahrten Orte in der Synagoge, und der Kreisrath und der judenschaftliche Kreis=Vorsteher haben darüber sowie über die richtige Führung angemessene Aufsicht zu halten; das Duplikat aber ist, wenn es vollgeschrieben seyn wird, an den Kreisrath zur ferneren Aufbewahrung abzuliefern.

§. 20.

Auszüge aus den Synagogen=Büchern müssen zum Behuf ihrer Glaubwürdigkeit, von denen, welchen die Führung der Bücher übertragen ist, unterschrieben, und von dem Bürgermeister der Stadt, oder, was andere Orte betrifft, von dem Kreisrathe beglaubigt werden.

§. 21.

Jede Synagogen-Gemeinde kann ihren eigenen Todtenhof haben, ist aber, wie sich von selbst versteht, rücksichtlich der Anlegung, der Einfassung, der Tiefe der Gräber, der Zeit der Beerdigung u. s. w. den allgemeinen polizeilichen Vorschriften unterworfen.

Die bereits vorhandenen Juden-Todtenhöfe sollen, wenn nicht deren Schließung oder Verlegung aus polizeilichen Gründen verfügt wird, beibehalten, jedoch soll deren künftiger Gebrauch der Abgrenzung der Synagogen-Gemeinden möglichst angepasset werden.

§. 22.

Das Armenwesen der Israeliten soll, wegen der mancherlei dabei eintretenden religiösen Beziehungen, und wegen der besonderen jüdischen milden Stiftungen, vorerst noch ferner, der Regel nach, von dem christlichen Armenwesen abgesondert bleiben. Eine jede Synagogen-Gemeinde hat demnach ihre Armen allein zu versorgen, und kann von den Christen andere, als freiwillige Beiträge nicht erwarten. Die Israeliten sind dagegen auch nicht verbunden, zu Versorgungs-Anstalten für christliche Armen beizutragen. Eine Ausnahme von dieser Regel machen die Anstalten für Gesellschaften, in welche Israeliten eintreten, z. B. die Gesellen-Kranken- und die Todtenkassen der Zünfte, die Landkrankenhäuser sowie andere allgemeine Heil-Anstalten, und die Landeshospitäler Haina und Merxhausen. Zur Aufnahme in diese sind sie gleich anderen Unterthanen fähig; sie können indessen wegen ihrer Religion keine eigene Einrichtung darin fordern.

Die weitere Vorsorge wegen der Einrichtung des Gemeinde-Armenwesens haben die (Provinzial-) Vorsteher-Aemter zu treffen.

Zweiter Abschnitt.

Von den judenschaftlichen Kreis-Vorstehern.

§. 23.

Die mit der gegenwärtigen, zum Zwecke der inneren Landesverwaltung geschehenen, Gebietseintheilung nicht mehr übereinstimmende Klassen- und dergleichen Abtheilung wird aufgehoben, und an deren Stelle soll die Theilung nach Kreisen treten.

§. 24.

Die Judenschaft jedes Kreises soll einen Vorsteher haben. Er wird aus den gebildetesten und redlichsten angesehenern Israeliten, und zwar vorzugsweise unter den am Hauptorte des Kreises wohnenden Glaubensgenossen, von sämmtlichen Aeltesten der Synagogen-Gemeinden unter Leitung des Kreisrathes gewählt, das Wahlprotokoll an den landesherrlichen Kommissar eingesandt, und von diesem, wenn er nichts wider die Wahl zu erinnern findet, die Bestätigung durch das Vorsteher-Amt veranlaßt. Die Bestätigungs-Urkunde ist dem Kreisrathe zuzufertigen, welcher die Verpflichtung vornimmt, und davon die Synagogen-Gemeinden des Kreises benachrichtiget.

Wegen nachlässiger Dienstführung oder Dienstunfähigkeit kann der Vorsteher nur, nach bewirkter Untersuchung durch den Kreisrath, von dem landesherrlichen Kommissar, an welchen das Untersuchungs-Protokoll einzusenden ist, mit Zustimmung des Vorsteher-Amtes entlassen werden, vorbehaltlich des Rekurses an die Regierung und unbeschadet des gerichtlichen Verfahrens im Falle der Uebertretung allgemeiner Strafgesetze.

§. 25.

Der Kreis-Vorsteher hat sich eine genaue Kenntniß von den Familien-, Vermögens- und Gewerbs-Verhältnissen, auch dem Zustande des Kultus-, Unterrichts- und Armenwesens in allen Gemeinden des Kreises zu verschaffen, zu dem Ende die im §. 14 angeordneten Bücher einzusehen, auf deren Berichtigung und Vervollständigung zu wirken, dem Kreisrathe und dem Vorsteher-Amte wegen Verbesserung des bürgerlichen und des Kultur-Zustandes Vorschläge zu thun, alle Berichts-Erforderungen des Letzteren gewissenhaft zu erledigen, und die ertheilten Aufträge zu vollziehen. Er übt die nächste Aufsicht über die Aeltesten und die Vorsänger der einzelnen Gemeinden des Kreises aus, und hat von allen Dienstvernachlässigungen und Pflichtwidrigkeiten derselben die Behörde in Kenntniß zu setzen.

Dritter Abschnitt.

Von den Provinzial-Rabbinen.

§. 26.

Alle Rabbinen, sowohl die für einzelne Gemeinden, als die für einen größeren Bezirk bestellten, sind dem Provinzial-Rabbinen untergeordnet.

§. 27.

Der Provinzial-Rabbine muß an dem Orte wohnen, wo das Vorsteher-Amt seinen Sitz hat, dessen Mitglied er seyn kann. Er ist zugleich Rabbine für die dasige Synagogen-Gemeinde, und hat das Predigtamt auszuüben, desgleichen die auf die Religions-Gesetze sich beziehenden Fragen von Privat-Personen zu entscheiden; er soll sich von dem Zustande des Religionswesens in der Provinz genaue Kenntniß verschaffen, darüber am Schlusse jedes Jahres, und, wenn er es für zweckmäßig erachtet, auch im Laufe desselben, an das Landrabbinat berichten, und ein Duplikat seines Berichtes an das Vorsteher-Amt abgeben.

§. 28.

Der Provinzial-Rabbine wird, nachdem dessen Tüchtigkeit durch das Landrabbinat (s. §. 8) in Gewißheit gesetzt sein wird, von dem Vorsteher-Amte der Regierung und durch diese dem Ministerium des Innern vorgeschlagen, hierauf von demselben bestellt, und demnächst durch den landesherrlichen Kommissar verpflichtet.

Er kann nur auf den Antrag der Regierung nach eingezogenem Gutachten des Vorsteher-Amtes und des landesherrlichen Kommissars, desgleichen des Landrabbinats, von dem Ministerium seiner Stelle entlassen werden, vorbehaltlich des gerichtlichen Verfahrens im Falle der Uebertretung allgemeiner Strafgesetze.

Vierter Abschnitt.

Von den (Provinzial-) Vorsteher-Aemtern und den landesherrlichen Kommissarien.

§. 29.

Die Vorsteher-Aemter, welche an dem Sitze der Regierungen, diesen untergeordnet, errichtet sind, haben:

1) die Aufsicht auf die Beobachtung aller die Israeliten betreffenden gesetzlichen Anordnungen, welche die Einführung derselben in das bürgerliche Leben, deren Gewerbthätigkeit, und die Abstellung aller, mit den Pflichten der Staatsbürger in deren vollem Umfange nicht verträglichen, oder eine Sonderung von den übrigen Staatsbewohnern bewirkenden Gebräuche zum Zwecke haben,
2) den Vorschlag zur Bestellung der Rabbinen und deren Gehülfen (s. §. 9 und §. 11),
3) die Bestellung oder Bestätigung, so wie in den geeigneten Fällen die Entlassung der Gemeinde-Aeltesten, der Kreis-Vorsteher (s. §. 4 und §. 24) und des besonderen Personals für die milden Anstalten,

4) die Aufsicht auf gehörige Führung der Synagogen-Bücher über Geburten, Trauungen und Sterbefälle (s. §. 18),
5) die Mitaufsicht auf den jüdischen Jugend-Unterricht (vergl. §. §. 12—14, u. §. 55),
6) die Leitung und Aufsicht des jüdischen Armenwesens in allen seinen Theilen (s. §. 22),
7) die Leitung der gemeinheitlichen Geldangelegenheiten der Israeliten in der Provinz (s. §. 38 fg.),
8) die Begutachtung der Gesuche ausländischer Israeliten männlichen Geschlechts um Aufnahme zu Unterthanen, sowie der inländischen um die Entlassung aus dem Unterthansverbande oder um die Erlaubniß zum Ueberzuge aus einem Orte des Landes in den anderen, und
9) die Erstattung der von den Regierungen über die judenschaftlichen Angelegenheiten erforderten Berichte, die Ausführung der an sie ergangenen Aufträge, und die Ertheilung der von anderen Behörden verlangten Nachrichten.

§. 30.

Die Vorsteher-Aemter sollen aus fünf bis neun Mitgliedern bestehen, welche auf den Vorschlag der Regierungen von dem Ministerium des Innern bestellt werden. Eines derselben soll den Vorsitz führen, und ein anderes die Geschäfte des Secretariats versehen. Die Bestimmung dieser beiden Mitglieder geschieht von der Regierung auf den Vorschlag des landesherrlichen Kommissars.

§. 31.

Die Mitglieder des Vorsteher-Amtes werden nur auf drei Jahre bestellt, können indeß auch auf längere Zeit ernannt werden, und beziehen in der Regel keinen ständigen Gehalt.

Der Sekretär aber erhält eine Besoldung, sowie eine Vergütung für die erforderlichen Hülfsschreiber 2c. Das Vorsteher-Amt hat darüber der Regierung Vorschläge zu thun, und diese das Nöthige, jedoch wenn von ständigen Ausgaben die Rede ist, mit Genehmigung des Ministeriums des Innern, zu bestimmen.

§. 32.

Der landesherrliche Kommissar hat in den Angelegenheiten der Israeliten der Provinz das Interesse des Staates so zu wahren, daß diese Gegenstände eine Leitung erhalten, wie sie das Beste der israelitischen Unterthanen in Uebereinstimmung mit der allgemeinen Wohlfahrt des Landes und der einzelnen Orte erheischt. Zu dem Ende ist er

1) der beständige Deputirte der Regierung, um die derselben durch den §. 59 Nr. 11, der Verordnung vom 29sten Juni 1821 übertragene Leitung jener Angelegenheiten durch Aufsicht auf alle dahin zielenden Anordnungen und Anstalten zu handhaben, und die ihm hierzu dienlich scheinenden Anträge unaufgefordert zu thun, auch ist er beständiger Referent in allen judenschaftlichen Angelegenheiten bei der Regierung;
2) hat er die besondere und unmittelbare Aufsicht auf die Dienstthätigkeit und Geschäftsführung des Vorsteher-Amtes, und kann er daher jeder Sitzung desselben beiwohnen, auch darf kein Beschluß eher ausgefertigt werden, als nachdem das Protokoll, worin solcher eingetragen ist, von dem landesherrlichen Kommissar visirt sein wird;
3) darf er nicht nur von dem Vorsteher-Amte, sondern auch von dem Provinzial-Rabbinen, alle geeigneten Nachrichten über die gemeinheitlichen Verhältnisse der Israeliten einziehen.

§. 33.

Der landesherrliche Kommissar wird von Uns aus den Mitgliedern der Regierung der Provinz bestellt. Er erhält eine jährliche Besoldung den Bedarf an Schreibmaterialien und die etwa erforderlichen Reisekosten aus der judenschaftlichen Kasse.

§. 34.

Das Vorsteher-Amt kann zu seinen Sitzungen den Provinzial-Rabbinen, falls er nicht Mitglied des Vorsteher-Amtes ist, so wie nebst diesem jeden anderen Religionslehrer in der Provinz zuziehen, um über Religions-Angelegenheiten die erforderliche Aufklärung und Begutachtung zu erlangen.

Fünfter Abschnitt.

Von dem Landrabbinate.

§. 35.

Für die Leitung, Verbesserung und Aufsicht des gesammten jüdischen Religionswesens in allen Landestheilen soll ein Landrabbinat in Unserer Residenzstadt regelmäßig halbjährlich zusammentreten. Dasselbe soll bestehen aus

1) einem Landrabbinen, welcher zugleich Rabbine für die Provinz Niederhessen ist, und von Uns bestellt wird,
2) den Rabbinen der übrigen Provinzen, und

3) einem Mitgliede des Vorsteher-Amtes hierselbst als Deputirten für sämmtliche Vorsteher-Aemter, nebst

4) denjenigen außerordentlichen Mitgliedern, welche das Ministerium des Innern noch dazu aus den wissenschaftlich gebildeten und sonst wohl geeigenschafteten Israeliten zu berufen für gut finden wird.

Den Versammlungen des Landrabbinats soll als landesherrlicher Kommissar das dem hiesigen Vorsteher-Amte vorgesetzte Regierungs-Mitglied beiwohnen, auch sollen daran die für die übrigen Vorsteher-Aemter bestellten Kommissare, soweit es Unser Ministerium des Innern nöthig erachten wird, Theil nehmen.

§. 36.

Dem Landrabbinate liegt ob:

1) die Oberaufsicht auf den gesammten Gottesdienst und den Religions-Unterricht zu führen, und über dessen Zustand und die angemessen erscheinenden Verbesserungen jährlich an das Ministerium des Innern zu berichten,

2) die in den §. §. 8 und 28 vorgeschriebenen Prüfungen vorzunehmen, und darüber pflichtmäßige Zeugnisse zu ertheilen,

3) die Auslegung in Religions-Angelegenheiten, — außer den im §. 27 erwähnten Fragen, es sey denn auf deshalb wider die Provinzial-Rabbinen erhobene Beschwerde, — vorzunehmen,

4) die von dem Ministerium des Innern, von den Regierungen oder von den Vorsteher-Aemtern verlangten Gutachten über Gegenstände des Religionswesens zu ertheilen, oder Entwürfe allgemeiner dahin einschlagenden Anordnungen auszuarbeiten, und

5) unaufgefordert alle zur Verbesserung des sittlichen Zustandes der Israeliten dienlich scheinenden Vorschläge zu thun.

§. 37.

Nach der Beendigung der halbjährlichen Versammlungen des Landrabbinats, deren Dauer, soweit es ohne Nachtheil der Geschäfte angehet, möglichst abzukürzen ist, soll über die Statt gefundenen Verhandlungen Bericht unter Beifügung des Protokolls an das Ministerium des Innern erstattet werden.

Sechster Abschnitt.

Von der Aufbringung der, durch die gemeinheitlichen Verhältnisse der Israeliten veranlaßten, Kosten im Allgemeinen.

§. 38.

Als besondere Abgaben der Israeliten zu den Kosten ihres Gottesdienstes, Unterrichtes und Armenwesens, sowie ihrer Todtenhöfe, desgleichen wegen ihrer gesammmtschaftlichen Schuldverhältnisse, finden Statt:

a) eine Einkommensteuer, welche von dem Haupte einer jeden Familie für sich und die dazu gehörigen Glieder, sowie von denjenigen Israeliten, welche zwar noch nicht Familien-Vorstände sind, jedoch einen selbstständigen Erwerb haben, erhoben wird;

b) die Abgaben, welche von religiösen Zeremonien und anderen geistlichen Handlungen abhängen, und einer genauen Festsetzung unterzogen werden sollen.

§. 39.

Die Einkommensteuer wird nach Maasgabe des ungefähren jährlichen Einkommens in vierteljährlichen Zielen entrichtet, und bei der Bestimmung desselben sind alle Arten der Einnahme vom Grund- und Mobiliar-Vermögen, sowie der sonstige Erwerb in Anschlag zu bringen.

§. 40.

Zu Errichtung eines Katasters des Einkommens, wonach die einzelnen Israeliten zu den aufzubringenden Kosten beizutragen haben, werden folgende Vorschriften ertheilt:

a) In jeder Synagogen-Gemeinde soll ein Schatzungsbuch angelegt werden, in welches zwei oder mehrere verpflichtete Schätzer das jährliche Einkommen eines jeden Steuerpflichtigen welcher von Seiten der Gemeinde-Aeltesten vorzuladen ist, nach der Vernehmung desselben, oder ohne diese bei dessen Ausbleiben, einem gewissenhaften und möglichst genauesten Anschlage gemäß eintragen.

b) Dieses Buch hat der Kreis-Vorsteher mit sämmtlichen Gemeinde-Aeltesten im Kreise genau zu prüfen, wegen etwa zu gering erscheinenden Anschlages die erforderlichen Nachrichten einzuziehen, und sodann das Einkommen anderweit nach pflichtmäßigem Ermessen abzuschätzen, auch jedem Steuerpflichtigen den ihn betreffenden Ansatz bekannt zu machen.

c) Einsprüche gegen die Abschätzung sind nur binnen vierzehn Tagen, seit dem Tage der Bekanntmachung des Ansatzes, zulässig, und binnen dieser Frist bei dem Kreisrathe anzubringen, welcher eine genaue Untersuchung (wozu auch eine, vor der Polizei-Kommission abzulegende, eidliche Versicherung des Reklamanten gefordert werden kann) vorzunehmen, und das Untersuchungs-Protokoll an den landesherrlichen Kommissar einzusenden hat. Dieser theilt darauf die Sache dem Vorsteher-Amte zu der unter seiner Mitwirkung abzugebenden Entscheidung mit, gegen welche nur binnen vierzehn Tagen, vom Tage ihrer Bekanntmachung an, ein Rekurs an die Regierung Statt findet. Die schließliche Entscheidung ist in dem Schatzungsbuche anzumerken.

d) Das durch das Kreisamt beglaubigte Duplikat des Schatzungsbuches wird von dem Kreis-Vorsteher an das Vorsteher-Amt eingesandt, und auf den Grund dieses Buches ein jeder Steuerpflichtige nach Wohnort, Vor- und Zunamen und Gewerbe in das Kataster eingetragen, aus solchem aber einer jeden Gemeinde ein sie betreffender Auszug zugefertigt.

§. 41.

Die Anlage der jüdischen Einkommensteuer soll von drei Jahren zu drei Jahren einer Revision unterliegen, und in diesem Zeitraume der Regel nach auf keine Verminderung des Einkommens Rücksicht genommen werden, dagegen auch keine Erhöhung Statt finden. Sollte indessen durch Todesfälle oder Auswanderung im Laufe der drei Jahre ein Steuerpflichtiger gänzlich ausfallen, oder völlig vermögens- und erwerblos werden; so hat der Kreis-Vorsteher solches sofort dem Vorsteher-Amte anzuzeigen.

Im Fall ein Steuerpflichtiger neu zugehen würde, soll es mit dessen Ansatze zur Steuer ebenso, wie es im vorhergehenden §. bestimmt ist, gehalten werden.

§. 42.

Wider die Rechnungsführer (s. §. 47 und 52) findet in den geeigneten Fällen die Verordnung vom 2. Mai 1822 Anwendung, und die Gerichte haben auf die ihnen von denselben vorgelegten Restanten-Listen die erforderliche Zahlungs- und Betreibungs-Befehle zu erlassen.

§. 43.

Die etwaigen Ausfälle bei den verschiedenen Erhebungen sind, soweit dieselben nicht schon in dem Ueberschlage des Bedarfes für das betreffende Jahr berücksichtigt worden, jedesmal bei der Veranschlagung des Bedarfs für das folgende Jahr (s. §§. 45, 50, 57 und 59) zuzusetzen.

Siebenter Abschnitt.

Von den Gemeinde-Lasten.

§. 44.

Die Erbauung und die Unterhaltung der Gemeinde-Synagogen, die Anschaffung und die Unterhaltung der Todtenhöfe, die Besoldung der Gemeinde-Rabbinen, deren Gehülfen und der etwa bestellten anderen Lehrer, desgleichen der Vorsänger, und die Armenpflege müssen in der Regel von den Gliedern einer jeden Synagogen-Gemeinde bestritten werden. Eine Ausnahme tritt in soweit ein, als mehrere Gemeinden sich einer Anstalt oder eines Angestellten gemeinschaftlich bedienen.

§. 45.

Der Bedarf für jene Gegenstände soll zeitig vor Anfang des Jahres, in welchem er erforderlich ist, von den Gemeinde-Aeltesten in einen möglich genauesten, etwaige Ausfälle berücksichtigenden Ueberschlag gebracht, solcher aber von dem Kreis-Vorsteher geprüft, dem Kreisrathe vorgelegt und von diesem festgesetzt werden. In den Provinz-Hauptstädten geschiehet diese Prüfung und Festsetzung durch das Vorsteher-Amt.

§. 46.

Der erwähnte Bedarf wird bestritten:

1) aus den zufällgen Abgaben, als Badegeld, Schulgeld, Begräbnißgeld u. s. w. einschließlich der disciplinarischen Geldbußen, und, insofern dieselben nicht anreichen,
2) aus der Einkommenssteuer, welche nach der im §. 40 fg. vorgeschriebenen Anlage auf die Gemeindeglieder ausgeschlagen wird. Es wird danach eine Heberolle von den Gemeinde-Aeltesten angefertigt, dem Kreis-Vorsteher, und von diesem dem Kreisrathe zur Revision vorgelegt, welcher sie festsetzt und ihr verbindende Kraft ertheilt. Einsprüche gegen die Ansätze finden nur innerhalb der nächsten vierzehn Tage nach der Bekanntmachung an die Veranlagten Statt, und Rekurse wider die deshalbigen Entscheidungen des Kreisrathes sind bei dem landesherrlichen Kommissar anzubringen, welcher mit dem Vorsteher-Amte darüber endlich entscheidet.

§. 47.

Alle Einnahmen fließen in die zu bildende (Synagogen-) Gemeinde=Kasse, und aus dieser werden auch alle Ausgaben bestritten. Dieselbe ist von den Gemeinde=Aeltesten zu verwalten, wenn nicht von der Gemeinde ein besonderer Rechnungsführer unter der Aufsicht der Aeltesten bestellt seyn wird. Am Schlusse jedes Jahres ist nach einem vorzuschreibenden Muster eine vollständige gehörig belegte Rechnung aufzustellen, welche von dem Kreisrathe, mit Zuziehung des Kreis=Vorstehers, abgehört und abgeschlossen wird. Ein Duplikat derselben wird von dem Kreis=Vorsteher aufbewahrt.

§. 48.

Dem Rechnungsführer sollen zwei Procent der wirklichen Einnahme als Vergütung zufließen.

Achter Abschnitt.

Von den Provinzial=Lasten.

§. 49.

Von den Gliedern sämmtlicher Synagogen=Gemeinden jeder Provinz sind die Kosten des Provinzial=Rabbinen, sowie dessen etwaigen Gehülfen, und des Vorsteher=Amtes aufzubringen. An der Besoldung für Ersteren ist aber derjenige Betrag, welchen der Provinzial=Rabbine als Rabbine seiner Synagogen=Gemeinde erhält (s. §. 44), abzurechnen.

§. 50.

Die Provinzial=Lasten werden von dem Vorsteher=Amte jährlich in einen Ueberschlag gebracht, und nach dem Steuer=Anschlage (siehe §. 40 fg.) auf die einzelnen Beitragspflichtigen nach Kreisen und Gemeinden vertheilt, die darüber gefertigte Haupt=Heberolle aber durch den Landesherrlichen Kommissar der Regierung zur Prüfung und Bestätigung vorgelegt.

§. 51.

Aus der bestätigten Heberolle fertigt das Vorsteher=Amt einen Auszug für jeden Kreis und die darin begriffenen Synagogen=Gemeinden an, welcher von dem landesherrlichen Kommissar, mit seiner Beglaubigung versehen, dem Kreisrathe zugesandt wird, um danach die Beiträge von den Einzelnen durch die Gemeinde=Rechnungsführer erheben zu lassen.

§. 52.

Die Beiträge fließen in die judenschaftliche Provinzial=Kasse, deren Rechnungsführer von dem Vorsteher=Amte zu bestellen ist, welches auch bestimmen wird, ob und wieviel derselbe zur Dienstbürgschaft einzulegen habe.

§. 53.

Von der Erhebung der Beiträge zu den Provinzial-Lasten gebühren zwei Procent dem Gemeinde-Rechnungsführer (§. 51) und ein Procent dem Provinzial-Rechnungsführer (§. 52).

§. 54.

Der Provinzial-Rechnungsführer hat jedes Jahr dem Vorsteher-Amte Rechnung abzulegen. Dieselbe wird jedoch der Regierung zum Abschlusse vorgelegt.

§. 55.

Neben den im §. 49 genannten Provinzial-Lasten können noch, auf den Vorschlag des Vorsteher-Amtes, besondere Anstalten für die Beförderung der Gewerblichkeit, die Erziehung armer Kinder überhaupt, und die Erlernung von Handwerken insbesondere die Bildung und die Belohnung tüchtiger Lehrer eingerichtet werden. Auch soll das noch vorhandene Vermögen althessischer allgemeinen Anstalten unter die betreffenden Provinzial-Kassen nach Verhältniß des Steuer-Anschlages getheilt werden.

Neunter Abschnitt.

Von den Lasten mehrerer Provinzen.

§. 56.

Die von der althessischen Judenschaft (nämlich in der Provinz Niederhessen nebst Schaumburg, in der Provinz Oberhessen und in den Kreisen Herzfeld und Schmalkalden) gegen die Staatskasse übernommene Schuld bleibt auch fernerhin eine gemeinschaftliche Angelegenheit der gedachten Judenschaft.

§. 57.

Der jährliche Bedarf zum stückweisen Kapital-Abtrage und zur Berichtigung der Zinsen wird von Unserem Ministerium des Innern für die ganze schuldende Körperschaft festgesetzt und nach Maasgabe des im Kataster veranschlagten Einkommens (s. §. 40) auf die betreffenden Landestheile ausgeschlagen.

Eine jede Regierung, welche es angehet, hat daher die Summe, mit welcher die ganze Provinz oder deren betreffenden Theile in der Anlage stehen, dem Ministerium einzuberichten, und dieses macht demnächst der Regierung den jenem Bezirke zufallenden Steuer-Antheil bekannt, zu dessen Vertheilung auf die einzelnen Beitragspflichtigen, nach Maasgabe des Katasters, aldann das Vorsteher-Amt zu veranlassen ist.

§. 58.

Die nach Renterei-Bezirken abzutheilenden Heberollen werden den Finanzkammern mitgetheilt, damit solche die Erhebung zur Staatskasse durch die Rentmeister bewirken lassen. Diesen kommen davon zwei Procent als Erhebegebühren zu, welche bei der Veranschlagung des Bedarfes (s. §. 57) mit berechnet werden.

§. 59.

Die Kosten des Landrabbinats werden von den Israeliten sämmtlicher Provinzen nach dem Verhältnisse des Steuer-Anschlages aufgebracht, und der deshalbige Beitrag der Judenschaft einer jeden Provinz von dem Ministerium des Innern der Regierung bekannt gemacht, welche die weitere Vertheilung, wie im §. 57 bestimmt ist, zu veranlassen hat.

§. 60.

Wegen der Erhebung gelten die im §. 51 enthaltenen Bestimmungen für die Provinzial-Lasten, mit welchen zugleich sie vorzunehmen ist. Die Rechnungsführer der Gemeinden liefern die erhobenen Gelder an die judenschaftliche Provinzial-Kasse hierselbst ab.

In Ansehung der Erhebegebühren, welche bei der Ausschlagung des Bedarfs mitzurechnen sind, kommt die Vorschrift des §. 53 zur Anwendung.

---

d.

Nassauische Verordnung

die Kultusverhältnisse der Israeliten betreffend

vom 7. Januar 1852.

II.

Instruktion

für die Vorstände der israelitischen Kultusgemeinden des Herzogthums.

§ 1.

Die Vorsteher der israelitischen Kultusgemeinden des Herzogthums werden von dem betreffenden Herzoglichen Kreisamte, welches die Wünsche und Ansichten der Mitglieder der Kultusgemeinde in geeigneter Weise zu erfahren bemüht sein wird, ernannt.

Nach geschehener Ernennung des Vorstehers wird derselbe bei dem Herzoglichen Kreisamte verpflichtet und der Gemeinde als Vorsteher vorgestellt.

Dem Vorsteher werden, je nach der Größe der Gemeinde, zwei oder drei Vorstehergehülfen zur Seite gestellt. Die Vorstehergehülfen werden von der Gemeinde gewählt und von dem betreffenden Herzoglichen Kreisamte bestätigt.

Sie sind dem Vorsteher zur Berathung und Unterstützung und zur Kontrole beigegeben.

§ 2.

Der Vorsteher steht unmittelbar unter dem betreffenden Kreisamte, und die diesem gesetzlich zustehende Disciplinarbefugniß findet auf denselben Anwendung.

Derselbe hat in Gegenständen seiner Dienstführung, die einer Kognition der Herzoglichen Behörden bedürfen, an das Kreisamt schriftlich Bericht zu erstatten, welches dem Vorsteher seine Eröffnung in Reskriptsform zugehen läßt.

§ 3.

Die Vorstehergehülfen haben ihre Wünsche und Ansichten zunächst dem Vorsteher vorzutragen und sich bei diesem über die Vollziehung der ihnen zu Theil gewordenen Aufträge auszuweisen. In dem Falle, daß sie gegen die Handlungsweise des Vorstehers höheren Orts Beschwerde zu führen veranlaßt sind, haben sie ihre Beschwerden bei dem Herzoglichen Kreisamte vorzutragen, welches nach Vernehmung des Vorstehers das Geeignete entweder selbst verfügt oder die Verhandlungen der Herzoglichen Ministerial-Abtheilung des Innern zur Entscheidung vorlegt.

§ 4.

Der Vorsteher hat sowohl auf die äußeren Rechte und Vortheile der israelitischen Kultusgemeinde, als auf die Verbesserung ihres inneren Zustandes Bedacht zu nehmen.

§ 5.

Die Hauptwirksamkeit des Vorstehers muß auf die ökonomischen Angelegenheiten der Gemeinde gerichtet sein. Derselbe verwaltet unter obrigkeitlicher Aufsicht das Vermögen der israelitischen Kultusgemeinde und hat sich hierbei nach den für die Vermögensverwaltung der Korporationen im Herzogthum überhaupt bestehenden Vorschriften im Allgemeinen zu bemessen.

§ 6.

Der Vorsteher hat unter Zuziehung der Vorstehergehülfen ein Inventarium über das Vermögen der israelitischen Kultusgemeinde in zweifacher Ausfertigung aufzustellen und für dessen Fortführung Sorge zu tragen. Das eine Exemplar des Inventariums wird bei dem Herzoglichen Kreisamte aufbewahrt, das Duplikat erhält der Vorstand verificirt zurück.

§ 7.

Der Vorsteher hat im Monat Dezember eines jeden Jahres unter Zuziehung der Vorstehergehülfen einen Rechnungsüberschlag (Budget) über die muthmaßlichen Einnahmen und Ausgaben des folgenden Jahres aufzustellen, solchen während acht Tagen zur Einsicht der Gemeindeglieder offen zu legen, welche ihre Bemerkungen darüber entweder schriftlich beifügen oder dem Vorsteher zu Protokoll geben können, womit derselbe dem Herzoglichen Kreisamte zur Verfügung und Genehmigung vorzulegen ist.

Vom dem Herzoglichen Kreisamte werden bei der Genehmigung des Budgets die von den Mitgliedern der Gemeinde zu erhebenden Kultussteuern festgesetzt.

Der Vorsteher hat den Rechner in zeitiger Erhebung der Einnahmen der Kultuskasse und Vollziehung der auf dieselben ertheilten Anweisungen zu überwachen. Bei erforderlicher Zwangshülfe legt er das ihm vom Rechner zugestellte Verzeichniß der Schuldner dem Herzoglichen Kreisamte zur Verfügung vor.

§ 8.

Zum Behufe der Steuererhebung wird ein eigenes Erhebungskataster (Matrikel) gebildet, in welchem alle zur israelitischen Kultusgemeinde persönlich gehörende Familienhäupter nach dem Grund-, Gebäude- und Gewerbsteueranschlage, in dem sie innerhalb des betreffenden Sprengels stehen, eingetragen werden.

Diejenigen Familienhäupter, welche in keiner Steuerrolle stehen, z. B. Kapitalisten, sind in dem Erhebungskataster verhältnißmäßig nach ihrem Einkommen anzuschlagen.

Die Aufstellung des Katasters geschieht von den Bürgermeistern, oder, wenn die israelitische Kultusgemeinde sich über mehrere Orte erstreckt, gemeinschaftlich von den verschiedenen Bürgermeistern unter Beiziehung des israelitischen Kultusvorstandes; sie wird nöthigen Falls von dem Herzoglichen Kreisamte berichtigt, im Anfange eines jeden Jahres aber durchgegangen und Ab- und Zugang der einzelnen Steuerquoten darin bemerkt.

Der festgesetzte Steuerbetrag muß für das ganze Jahr entrichtet werden, auch wenn während des Laufs desselben der Besteuerte aus der Gemeinde austritt. Bei einer nach dem Ergänzungskataster im Laufe des Jahres eintretenden Steuererhöhung ist der Steuerpflichtige auch zu Entrichtung einer erhöhten Kultussteuer für die noch zur Erhebung kommenden Steuersimpel verpflichtet.

§ 9.

Als Beitrag zur Bestreitung der durch den Religionsunterricht der Jugend entstehenden Kosten ist ein mäßiges Schulgeld, welches von dem Vorsteher und dessen Gehülfen unter Genehmigung des Herzoglichen Kreisamts festgesetzt wird, von den Eltern der schulpflichtigen Kinder an die Kasse der Gemeinde zu bezahlen.

Die Versteigerung von gottesdienstlichen Verrichtungen, namentlich des Aufrufs zur Thora darf nicht stattfinden; auch ist die Veräußerung der Synagogenstühle unzulässig und deren Verpachtung ebenfalls möglichst zu beseitigen.

Die Erhebung eines Eintrittsgeldes von neu recipirten Mitgliedern der Gemeinde findet nicht statt; es müßte solche denn von der Herzoglichen Ministerial-Abtheilung des Innern ausdrücklich in einem einzelnen Falle genehmigt werden.

§ 10.

Nach erfolgter Festsetzung des Budgets hat der Vorsteher dasselbe zu vollziehen resp. durch den Rechner vollziehen zu lassen. Er hat den Rechner in seiner Dienstführung zu kontroliren, von Zeit zu Zeit Kassenvisitationen anzustellen und entdeckte Unregelmäßigkeiten dem Herzoglichen Kreisamte zur Untersuchung und Bestrafung anzuzeigen.

§ 11.

Der Vorsteher der israelitischen Kultusgemeinde hat die spätestens im Monat Februar eines jeden Jahres aufzustellende Rechnung des verflossenen Jahres unter Zuziehung der Vorstehergehülfen vorläufig zu revidiren und zu notaminiren, acht Tage lang zur Einsicht der Gemeindeglieder offen zu legen und spätestens im Monat März an das Herzogliche Kreisamt zum Abschlusse einzusenden.

§ 12.

Außer der Verwaltung des Vermögens der Kultusgemeinde hat der Vorsteher sein Augenmerk darauf zu richten, daß der vorgeschriebene Religionsunterricht von dem Religionslehrer ohne Unterbrechung ertheilt und von den schulpflichtigen Kindern regelmäßig besucht werde. Die israelitischen Religionslehrer bedürfen zum Antritte ihres Dienstes der speciellen Genehmigung der Ministerial-Abtheilung des Innern, welche nur nach vorgängiger Prüfung über genügende Qualifikation ertheilt wird; sie beziehen aus den Kultuskassen fixe Gehalte von wenigstens 150 fl., für deren pünktliche Entrichtung in Quartalraten die Vorsteher zu sorgen haben und dazu erforderlichen Falls im Disciplinarwege angehalten werden können. Die Dauer der Dienstzeit der Lehrer ist als auf Wohlverhalten bestimmt zu betrachten, es hängt daher deren Entlassung nicht von der Willkühr der Kultusgemeinde ab, sondern bedarf der Genehmigung der Ministerial-Abtheilung des Innern. Die israelitischen Religionslehrer bekleiden in der Regel zugleich das Vorsängeramt, dürfen aber ohne specielle Erlaubniß den Schächterdienst nicht übernehmen. Bei den von den Kultus-Vorstehern mit Religionslehrern abzuschließenden Verträgen haben sich dieselben nach diesen Bestimmungen zu bemessen, und in jedem Falle die abgeschlossenen Verträge dem Herzoglichen Kreisamte vorzulegen, welches dieselben mit dem Gutachten des betreffenden Bezirksrabbiners der Ministerial-Abtheilung des Innern zur Entschließung vorlegt.

Bei der Annahme von Religionslehrern ist einem Angehörigen des Herzogthums vor einem Auswärtigen bei zureichender Befähigung der Vorzug zu geben. Ueber disponible einheimische Religionslehrer werden die Bezirksrabbiner auf Anfrage Auskunft ertheilen.

§ 13.

Außer den vorgenannten Obliegenheiten hat der Vorsteher auch für das Aeußerliche des Gottesdienstes Sorge zu tragen, und die äußere Kirchenzucht zu handhaben, wobei ihn die Vorstehergehülfen zu unterstützen verbunden sind.

Derselbe hat mit seinen Gehülfen namentlich mit Ernst auf die Erhaltung guter Ordnung während des Gottesdienstes zu sehen.

Der Vorsteher und die Vorstehergehülfen haben darauf zu achten, daß der Synagogendiener das öftere Reinigen und Auslüften der Synagoge nicht versäume, daß die Synagogenbeleuchtung gehörig besorgt werde und daß Alles, was den Anstand beleidigt, von dem Synagogengebäude ferne gehalten werde.

§ 14.

Der Vorsteher ist, wenn Unordnungen während des Gottesdienstes vorgekommen sind, berechtigt, den Schuldigen Verweise zu ertheilen und Geldstrafen bis zum Betrage von 1 fl. 30 kr. anzusetzen. Gröbere Unregelmäßigkeiten sind dem Herzoglichen Kreisamte zur Bestrafung anzuzeigen.

Die von dem Vorsteher angesetzten Geldstrafen fließen in die Kasse der israelitischen Kultusgemeinde. Ebenso hat der Vorsteher die Strafen wegen Versäumniß des Religionsunterrichts anzusetzen und der israelitischen Kultuskasse zu überweisen.

Für eine versäumte Stunde wird bei dem gewöhnlichen Religionsunterrichte eine Strafe von 1 kr., bei dem Konfirmationsunterrichte eine Strafe von 2 kr. und bei der sabbathlichen Andachtsstunde eine Strafe von 3 kr. angesetzt.

Auf Beschwerden, welche gegen Disciplinarstrafen der Kultusvorsteher gerichtet sind, hat zunächst das betreffende Kreisamt, bei weiterem Rekurse die Ministerial-Abtheilung des Innern zu entscheiden. Letzterer steht auch die Entschließung auf Recurse gegen solche Strafverfügungen der Kreisämter zu, welche diese zur Sicherung des Vollzugs der in Betreff der Kultusverhältnisse der Juden ertheilten Bestimmungen erlassen.

§ 15.

Der Vorsteher hat darauf zu sehen, daß kein Gottesdienst von seinen Glaubensgenossen in Privathäusern (Sterbfälle und außerordentliche Veranlassungen ausgenommen) gehalten werde.

§ 16.

Hinsichtlich der äußeren Einrichtungen des Religionsunterrichts und Gottesdienstes findet stets eine wechselseitige Benehmung zwischen dem Vorstande und dem israelitischen Geistlichen resp. dessen Vertreter (dem Religionslehrer und Vorsänger) statt. Uebrigens hat der Vorstand, auch was das Innere des israelitischen Lehr- und Seelsorgeramts betrifft den Geistlichen und Religionslehrer durch Wort und That zu unterstützen und auf Beförderung und Erhaltung des religiösen Sinnes und Wandels in der Gemeinde hinzuwirken.

§ 17.

Der Vorsteher hat seine Gehülfen monatlich wenigstens Einmal zu einer ordentlichen Sitzung zusammen zu berufen. Außerdem können außerordentliche Sitzungen auf Ansage des Vorstehers oder nach Verlangen der Vorstehergehülfen stattfinden.

Weitläufige Protokolle sollen in den Sitzungen nicht geführt werden, sondern es genügt, wenn die Gegenstände der jedesmaligen Berathung kurz und bündig in ein dazu bestimmtes Buch verzeichnet werden. Sollten deren keine vorgelegen haben, so wird solches gleichfalls mit Beisetzung des Tages der Versammlung in das Buch bemerkt. Außer diesem Buche soll der Vorsteher ein Geschäftsprotokoll führen, worin er die an ihn gelangenden Geschäftsgegenstände einträgt.

Alle Dienstpapiere hat der Vorsteher gehörig materienweise und chronologisch geordnet in einem besonders dazu bestimmten Registraturschranke aufzubewahren.

§ 18.

Bei längerer Abwesenheit oder etwaiger Krankheit des Vorstehers hat derselbe dem Herzoglichen Kreisamte die Anzeige zu machen, damit dieses einen der Gehülfen mit der Geschäftsführung vollständig beauftrage. In diesem Falle hat sich der Vorstehergehülfe an die vorstehende Instruktion für den Vorsteher zu halten.

III.

Instruktion

für die Rechner der israelitischen Kultusgemeinden.

§ 1.

Die Rechner der israelitischen Kultusgemeinden werden auf Vorschlag des Vorstandes von dem betreffenden Herzoglichen Kreisamte ernannt.

§ 2.

Der Rechner besorgt die Einnahmen und Ausgaben für die israelitische Kultus-

Gemeinde nach den Einnahmeüberträgen und Ausgabeanweisungen des Vorstehers, unter dessen Aufsicht die Kasse steht, und dessen Aufträge der Rechner zu vollziehen hat.

§ 3.

Derselbe hat nach den bestehenden allgemeinen Vorschriften die Kasse der Kultusgemeinde sowohl von seiner eigenen, als von jeder anderen Kasse abgesondert zu erhalten.

§ 4.

Ueber Ausgaben und Einnahmen führt der Rechner ein Manual, bei größeren Gemeinden auch ein Journal nach der von dem betreffenden Herzoglichen Kreisamte ergehenden näheren Weisung.

§ 5.

Der Rechner ist zu fleißiger Beitreibung der ihm überwiesenen Einnahmen und zu zeitiger Vollziehung der ihm von dem Vorsteher zugehenden Zahlungsweisungen verpflichtet und kann wegen vorkommender Vernachlässigung dieser Obliegenheiten von dem Herzoglichen Kreisamte in eine Disciplinarstrafe genommen werden.

Erfolgt auf vorausgegangene Mahnung die Zahlung von den Debenten nicht, so hat der Rechner ein Verzeichniß der Säumigen, welches bei jedem den Grund der Schuld, die Zeit der Entstehung, den Betrag derselben und die Zeit der erfolgten Mahnung enthält, durch den Vorsteher dem Herzoglichen Kreisamte zur Erkennung der Auspfändung vorzulegen. Sobald diese erkannt ist, hat er die weiteren Zwangsmaßregeln zu betreiben.

§ 6.

Der Rechner hat spätestens bis zum 15. Februar die Rechnung des verflossenen Jahres aufzustellen, mit allen Belegen versehen an den Vorsteher abzuliefern und die etwa von diesem und dem Herzoglichen Kreisamte gemachten Bemerkungen unverzüglich zu erledigen. Nur die mit der beizufügenden Anweisung übereinstimmenden, gehörig ausgestellten Quittungen werden als gültige Belege für gemachte Ausgaben angenommen.

§ 7.

Der Rechner hat, wenn es für nöthig erachtet wird, Kaution zu stellen. Für seine Bemühungen kann ihm der Vorstand unter Genehmigung des Herzoglichen Kreisamts zwei bis vier Prozent Hebgebühren verwilligen, welche jedoch von abgelegten oder aufgenommenen Kapitalien und vom Kaufpreis veräußerter Immobilien nicht berechnet werden dürfen.

IV.

Israelitischer Centralcultusfonds.

Zur Bestreitung der Kosten, welche durch die Aufsicht auf den israelitischen Kultus und Religionsunterricht entstehen, ist ein israelitischer Centralcultusfonds gebildet, welcher unter der Verwaltung der Ministerial-Abtheilung des Innern und unter der Kontrole Herzoglicher Rechnungskammer steht, und dessen Einnahme sich zunächst durch Beiträge aus den Kassen der israelitischen Kultusgemeinden des Herzogthums bildet.

Für die Beaufsichtigung des israelitischen Kultus und Religionsunterrichts sind vier israelitische Theologen, Bezirksrabbiner, jeder für einen bestimmten Bezirk provisorisch angestellt, welche außer den ihnen an ihrem Wohnorte obliegenden geistlichen Verrichtungen bei den übrigen israelitischen Kultusgemeinden ihres Bezirks den Kultus sowie den Religionsunterricht beaufsichtigen, letzteres unter Mitwirkung der Herzoglichen Schulinspektoren nach Maßgabe der darüber ertheilten näheren Bestimmungen.

Den Bezirksrabbinern steht nach den darüber bestehenden näheren Vorschriften in ihrem Bezirke die alleinige Befugniß zur Vornahme der Kopulationen von Israeliten nach vorausgegangener Erwirkung des kreisamtlichen Proklamationsscheins von Seiten des Brautpaars zu. Auch haben dieselben in der Regel die Konfirmations-Akte in den Kultusgemeinden ihres Bezirks vorzunehmen.

Aus dem Centralcultusfonds erhalten die Bezirksrabbiner Zulagen zu den Besoldungen, welche sie aus den betreffenden Lokalfonds beziehen.

---

e.

1. Frankfurt a. M. Regulativ v. 8. März 1839.

I.

Senatskommissarius.

Der Senatskommissär hat den zur Verwaltung der innern Angelegenheiten der Israelitischen Gemeinde bestellten Gemeindevorstand (Art. II.) zu leiten, die eingeführte Ordnung zu handhaben, und sowohl in Hinsicht auf Verwaltungsgegenstände, als auch auf den Kultus (jedoch unbeschadet der den Israelitischen Bürgern gesetzlich zugesicherten ungestörten Ausübung ihrer Religion), über die Aufrechthaltung der Staatsgesetze Namens und in Auftrag des Senats zu wachen und die Rechte des Staats wahrzunehmen.

Nur nach eingeholter Genehmigung des Senatskommissärs, oder unter seinem Vorsitz, kann sich der Vorstand versammeln und seine Berathungen anstellen.

Die Beschlüsse des Vorstandes bedürfen zu ihrer Gültigkeit der Beistimmung des Senatskommissärs.

In solchen Fällen, wo der Vorstand über Rechtsverhältnisse der Gemeinde, Gesuche bei dem Senate oder bei den Gerichten einreicht, ist wenigstens die vorgängige Kenntniß des Senatskommissärs erforderlich.

(S. auch II. 1. 4. a, f, g, h, B. d, 5, III. 1, 5, IV)

II.

Gemeindevorstand.

1) Zusammensetzung des Vorstandes, Wahl und Verpflichtung der Mitglieder.

Der Vorstand besteht aus 9 Mitgliedern der Israelitischen Gemeinde. Die Wiederbesetzung erledigter Stellen geschieht auf folgende Art: Der Vorstand versammelt sich unter dem Vorsitz des Senatskommissärs und zieht die Mitglieder des Gemeinde-Ausschusses (Art. III.) hinzu. Von diesen, wie von jenem, müssen wenigstens $^2/_3$ der Mitglieder anwesend sein. Jedes der also vereinigten Glieder schlägt per Scrutinium drei qualifizirte Israelitische Bürger zu einer jeden erledigten Stelle vor, und der Senatskommissär zeigt mit seinem Gutachten die drei Meistbestimmten dem Senate an, welcher aus diesen das neu einzutretende Mitglied des Gemeinde-Vorstandes ernennt. Der Ernannte wird hiernächst von dem Senatskommissär auf die gegenwärtige Ordnung durch Handgelöbniß verpflichtet und in das ihm übertragene Gemeindeamt eingesetzt.

2) Eigenschaften der zu Wählenden.

Wahlfähig ist in der Regel jeder hiesige Israelitische Bürger von unbescholtenem Rufe, welcher das dreißigste Lebensjahr erreicht hat. Ausgenommen hiervon sind alle diejenigen, welche durch Blutsverwandtschaft in auf- und absteigender Linie ohne Unterschied des Grads, oder durch Seitenverwandtschaft oder Schwägerschaft im ersten Grade mit einem Mitglied des Vorstandes verbunden sind. Ferner: die aus dem Vorstand Tretenden sind erst nach Ablauf eines Jahres wieder wählbar. Wer in einer peinlichen Untersuchung steht, oder wegen eines peinlichen Verbrechens bestraft worden, ist für immer wahlunfähig und gerichtliche Falliten und solche, welche außergerichtliche Stundungs- und Nachlaßverträge mit ihren Gläubigern abgeschlossen haben, bleiben so lange von der Wahl ausgeschlossen, bis sie durch vollständig geleistete Nachzahlung ihre Gläubiger befriedigt haben. Tritt einer dieser Fälle bei einem Mitglied während der Dauer seines Amtes ein, so muß dasselbe sofort austreten.

3) Dauer ihres Amtes.

Am Schlusse jeden Jahres tritt das dem Dienste nach älteste Mitglied des Vorstandes aus. Wer jedoch während sechs auf einander folgenden Jahren das Amt eines Mitglieds des Gemeinde-Vorstandes versehen hat, ist berechtigt auszutreten, noch ehe ihn die Reihe trifft. Die Stelle eines Vorstands-Mitglieds ist ein Ehrenamt, womit keine Belohnung verbunden ist.

4) Geschäftskreis.

A. Ohne Mitwirkung des Gemeinde-Ausschusses.

Dem Gemeinde-Vorstand sind folgende Geschäfte überwiesen:

a) die Beaufsichtigung und Verwaltung des Gemeinde-Vermögens;

b) die Erhebung und Verrechnung der zur Besoldung der Gemeinde-Diener, zur Verzinsung und Abtragung der Gemeindeschulden, der Erfordernisse des Kultus, des Spitals und zu sonstigen Verwaltungszwecken erforderlichen jährlichen Umlagen in der Gemeinde.

Bis auf weitere Verordnung verbleibt es bei der seitherigen Art und Weise, diese Umlagen vermittelst einer Abgabe vom Kapitalvermögen auszuschlagen.

c) Aufstellung eines für drei nach einander folgende Jahre geltenden Voranschlags

aa) über jede Gemeinde-Einnahme, sowohl die ständige, als auch unständige, und über

bb) jedes Deckungsmittel für die Ausgaben;

d) Aufstellung der Gemeinde-Rechnung, spätestens 6 Monate nach Ablauf des Jahres, in bereits bestehender Form;

e) Aufsicht auf die Verwaltung des Armen- und Stiftungswesens;

f) Handhabung der öffentlichen Gemeindeschule, in so weit diese durch die am 14. April 1822 vom Senat genehmigte Schulordnung unter höherer Aufsicht der gemischten Schulkommission und des Senatskommissärs näher bezeichnet ist. Letzterer hat die vom Schulrath aufzustellende Schulkasse-Rechnung vom Gemeinde-Vorstand revidiren und alsdann zum Abschluß bringen zu lassen.

g) Erstattung von Gutachten und Berichten an den Senat oder den Senatskommissär über diejenigen Gegenstände, welche zu diesem Zwecke an den Gemeinde-Vorstand verwiesen werden, namentlich über Gesuche um Ehebewilligung und Rezeption in das israelitische Bürgerrecht und dergleichen;

h) Bestellung der für administrative Zwecke erforderlichen Gemeinde-Diener, unter Mitwirkung und mit Genehmigung des Senatskommissärs.

i) Ertheilung und Beglaubigungen der Zeugnisse über den Familienstand hiesiger Gemeindeglieder und über sonstige aus älteren Gemeinde-Registern nachzuweisende Gegenstände. Erstere jedoch nur bis zum Jahr 1811, wo die Register allein beim Gemeinde-Vorstand geführt wurden.

k) Vertretung der Israelitischen Gemeinde in ihren Rechtsverhältnissen bei den Staatsbehörden und den Gerichten.

B. Unter Zuziehung des Ausschusses.

a) Die Wiederbesetzung regelmäßig oder außerordentlicher Weise erledigter Stellen im Vorstand (Art. II., 1).

b) Die Mitwirkung zum Vorschlag bei Wiederbesetzung einer Ober- und Unter-Rabbinerstelle und bei Bestellung eines Synagogen-Vorsängers.

c) Die Mitwirkung bei allen auf den Kultus und die religiösen Bedürfnisse der Israelitischen Gemeinde Bezug habenden Gegenstände.

d) Der vom Vorstand in Antrag gebrachte Voranschlag erfordert die Prüfung des Gemeinde-Ausschusses und dessen gutächtliche Aeußerung. Der Senatskommissär hat letztere einzufordern, und über Verschiedenheit der Ansichten zu entscheiden.

e) Die vom Vorstand gestellte Gemeinde-Rechnung ist, nachdem solche von einem durch den Senatskommissär ernannten Sachverständigen revidirt ist, mit den von solchem aufgestellten Monitas dem Gemeinde-Ausschuß zur Superrevision zuzustellen. Ueber Monita und Supermonita entscheidet der Senats-Kommissär und bewirkt alsdann den Rechnungsabschluß.

f) Nicht im Voranschlag aufgenommene unvorhergesehene Ausgaben, die fl. 500 und darüber betragen, erfordern die Beistimmung des Gemeinde-Ausschusses.

5) Geschäftsbehandlung.

Zur zweckmäßigen Behandlung sämmtlicher Amtsverrichtungen des Gemeinde-Vorstandes kann solcher vom Senats-Kommissär in mehrere Sektionen abgetheilt werden.

Ueber alle Verhandlungen, sowohl des Plenums als der Sektionen, wird ein Protokoll durch den Gemeindeschreiber als verpflichteten Aktuar geführt.

III.

Gemeindeausschuß.

Neben dem Gemeinde=Vorstand besteht ein Gemeinde=Ausschuß, welcher ebenfalls aus neun Mitgliedern zusammengesetzt ist.

1) Wahl und Verpflichtung der Glieder.

Diese geschieht auf folgende Art:

Jeder Israelitische Bürger, ohne Rücksicht auf Stand und Vermögen, ist befugt an einem vom Senatskommissär bestimmten Tag und in den hierzu bestimmten Stunden, einen Stimmzettel persönlich einzureichen, worauf die Namen von dreimal so viel wahlfähigen Personen verzeichnet sind, als zur Besetzung der erledigten Stellen erforderlich ist. Wer an dem bestimmten Tag und in den bestimmten Stunden, den Stimmzettel abzugeben unterläßt, hat sein Stimmrecht für diesmal verloren.

Bei der ersten Besetzung sind aus der gesammten Israelitischen wahlfähigen Bürgerschaft diejenigen 27 Personen, welche auf diese Weise die meisten Stimmen erhalten haben, durch den Kommissarius dem Senat zur Auswahl und Bestätigung von 9 Ausschußgliedern vorzulegen.

Bei folgenden Erledigungsfällen wird es ebenso gehalten.

Die neu eintretenden Mitglieder des Gemeinde=Ausschusses werden vom Senatskommissär in einer Plenar=Sitzung des Vorstandes auf gegenwärtige Vorschrift verpflichtet.

2) Eigenschaften der zu Wählenden.

Hinsichtlich der Wahlfähigkeit zum Mitglied des Gemeinde=Ausschusses und der Eigenschaften eines Mitgliedes gelten dieselben Bestimmungen, die die Wahlfähigkeit zum Gemeinde=Vorstand bedingen.

(Art. II., 2.)

3) Dauer des Amtes.

Am Schlusse eines jeden Jahres treten drei Mitglieder aus. In den ersten zwei Jahren entscheidet das Loos unter den nach der ersten Wahl Eingetretenen, in der Folge entscheidet das Dienstalter. Die Ausgetretenen sind erst nach Verlauf eines Jahres wieder wählbar.

Die Stelle eines Ausschuß=Mitgliedes ist ein Ehrenamt, womit keine Belohnung verbunden ist.

4) Geschäftskreis.

A. **Ohne Mitwirkung des Gemeinde-Vorstandes.**

a) Prüfung des Voranschlags zu den Gemeindebedürfnissen.
b) Superrevision der Gemeinde=Rechnung.
c) Bewilligung vom Vorstand beantragter, außerordentlicher, über fl. 500 betragender Ausgaben.

B. **Unter Mitwirkung des Gemeinde-Vorstandes.**
(S. Art. II., 4. B. a bis f.)

5) Geschäftsbehandlung.

Der Gemeinde=Ausschuß wählt aus seiner Mitte ein vorsitzendes Mitglied. Zu seinen Beschlußnahmen ist die Anwesenheit von wenigstens sechs seiner Mitglieder erforderlich.

Er hält seine Sitzungen im Gemeindehaus und versammelt sich nur auf desfalls ergehendes Erfordern des Senatskommissärs.

IV.
Religionswesen.

Die jetzigen Rabbiner bleiben auf ihre seitherige Wirksamkeit beschränkt, wodurch jedoch die Abhaltung religiöser Vorträge (Predigten) in rein deutscher Sprache in der Synagoge nicht ausgeschlossen ist.

Bei der ihnen zugetheilten Assistenz bei Eidesleistungen, Vollziehung der Aufgebote, der Trauungen und Ehescheidungen hat es bei der seitherigen Uebung sein Bewenden, und haben sie in diesen Beziehungen die Vorschrift der Staatsgesetze zu befolgen.

In Vorschlag gebrachte Rabbiner bedürfen der Bestätigung und Ernennung des Senates, welche durch gutächtlichen Antrag des Senatskommissärs zu erwirken ist. Letzterer verpflichtet den Ernannten im Pleno des Vorstandes auf die Staatsgesetze und auf die ertheilte Instruktion.

Vorbehaltlich weiterer Bestimmungen wird jedoch wegen künftiger Rabbinen einstweilen Nachstehendes festgesetzt.

Kandidaten zur Stelle eines Rabbiners müssen von Geburt Deutsche sein, auf deutschen Gymnasien vollständigen Unterricht genossen, auf einer deutschen Akademie in morgenländischen Sprachen und in den historisch-philosophischen Wissenschaften sich hinreichende Kenntnisse erworben, und daß sie solche besitzen, durch eine dahier zu bestehende Prüfung nachgewiesen haben. Letztere kann jedoch in den Fällen unterbleiben, wenn dieselben bereits in einem andern deutschen Staate als Rabbiner angestellt waren und daselbst von ihnen gleichen gesetzlichen Erfordernissen erweislich Genüge geschehen ist. Jedenfalls muß der anzustellende Rabbinats-Kandidat von dem hiesigen Rabbinat, oder, in dessen Ermangelung, von den Oberrabbinern zweier bedeutender Städte Deutschlands in den jüdisch-theologischen Kenntnissen geprüft und zum Lehramt tüchtig befunden worden sein.

2. Auszug des Protokolls des Großen Raths der freien Stadt Frankfurt.

Frankfurt a. M., den 1. Mai 1849.

Auf Vorstellung von Seiten des Vorstandes der israelitischen Gemeinde dahier de pr. 23. v. M., das Regulativ von 1839, insbesondere den Senats-Kommissär betreffend.

Es ist von der Wiederbesetzung der erledigten Stelle eines Senats-Kommissärs für die Angelegenheiten der israelitischen Gemeinde Umgang zu nehmen, womit die Beschränkungen, welche bisher in der Amtswirksamkeit des Vorstandes und des Ausschusses der israelitischen Gemeinde, je nach der Amtswirksamkeit dieser Kollegien bestanden haben, hinwegfallen.

3. Senatsbeschluß vom 25. April 1854.

Auf Berichterstattung des Herrn Schöffen und Senators Dr. Müller de pr. 4. Februar 1854, Verhältnisse der israelitischen Gemeinde betreffend.

Nachdem der Senat den vordem für die israelitischen Gemeinde-Angelegenheiten aufgestellten Senats-Kommissär mit Beschluß vom 1. Mai

1849 zurückgezogen hat, ist es nothwendig geworden, rücksichtlich des Rechtes und der Pflicht der Oberaufsicht, deren sich, jenen Angelegenheiten gegenüber, der Senat nicht entschlagen kann, anderweit Vorsehung zu treffen, und wird daher vorbehältlich abgeänderter Anordnung, das Nachfolgende verordnet:

1) Zur Ausübung der Oberaufsicht rücksichtlich der Verwaltung des Gemeinde-Vermögens, des Armen- und Stiftungswesens, des Voranschlags und der Gemeinde-Rechnung, endlich der Schulkassen-Rechnung der israelitischen Gemeinde wird der Senat aus seiner Mitte einen Bevollmächtigten jedesmal auf 3 Jahre bestellen.
2) Der israelitische Gemeinde-Vorstand hat alljährlich dem ad hoc bestellten Regierungs-Bevollmächtigten über Stand und Verwaltung des Gemeinde-Vermögens einschließlich des Armen- und Stiftungswesens berichtliche Vorlage zu machen.
3) Der israelitische Gemeinde-Vorstand hat die Voranschläge über ständige und unständige Einnahmen, über die Ausgaben und ihre Deckungsmittel, nachdem solche von dem Gemeinde-Ausschuß geprüft worden, dem ad hoc bestellten Regierungs-Bevollmächtigten berichtlich vorzulegen, worauf von diesem über etwaige Verschiedenheit in den Ansichten der beiden Gemeinde-Behörden, sowie über die Voranschläge überhaupt Entschließung erfolgt.
4) Der israelitische Gemeinde-Vorstand hat die Gemeinde-Rechnung vor Ablauf der hierzu vorgeschriebenen Frist zunächst dem Gemeinde-Ausschuß zur Revision zuzustellen, sodann aber mit der Erklärung des Gemeinde-Ausschusses dem ad hoc bestellten Regierungs-Bevollmächtigten, welcher befugt ist, erforderlichen Falls, eine Superrevision durch einen Sachverständigen vornehmen zu lassen, berichtlich vorzulegen, worauf von dem Regierungs-Bevollmächtigten der Rechnungs-Abschluß bewirkt wird.
5) Die von dem Schulrathe aufgestellte, von dem Gemeinde-Vorstand und Ausschusse revidirte Schulkassen-Rechnung ist von Letzterem ad hoc bestellten Regierungs-Bevollmächtigten berichtlich vorzulegen und von diesem zum Abschluß zu bringen.

II. Der bestellte Bevollmächtigte hat mit Ablauf eines jeden Verwaltungsjahres über seine Amtsthätigkeit dem Senate berichtliche Vorlage zu machen.

III. Als Bevollmächtigter zur Handhabung der Oberaufsicht nomine Senatus rücksichtlich der unter 1 dieses Beschlusses bezeichneten Angelegenheiten der israelitischen Gemeinde wird für die Jahre 1854, 55 und 56 Hr. Schöff und Senator Dr. Müller ernannt und demselben der gegenwärtige als Instruktion ertheilt.

4. Verfügung vom 9. März 1868.

Frankfurt a. M., den 9. März 1868.

Mittelst Eingabe vom 16. Dezember v. J. hat der Vorstand der israelitischen Gemeinde bei dem ehemaligen Senate hiesiger Stadt die Ernennung eines neuen Mitgliedes des Vorstandes an Stelle des statutenmäßig ausgetretenen Herrn

Dr. Ellissen auf Grund des Abschnittes II. sub 1 des Regulativs vom 8. März 1839 beantragt und zu diesem Zwecke die vorschriftsmäßig gewählten 3 Kandidaten präsentirt. Die Königl. Regierung zu Wiesbaden, welcher dieser Antrag von dem Senate zur Entscheidung vorgelegt worden ist, hat Sich mittelst Reskripts vom 15. v. M. dahin ausgesprochen, daß die in dem gedachten Regulativ für die Verwaltung der israelitischen Gemeinde vorbehaltenen Befugnisse des Senates und des Senats-Kommissärs, da diese dem staatlichen Oberaufsichtsrechte entspringen, nunmehr auf die staatlichen Behörden übergegangen sind und demzufolge mich als Regierungsbevollmächtigten mit der Ausübung der fraglichen Funktionen unter Einräumung der Befugniß betraut, mir eine geeignete Persönlichkeit zur Wahrnehmung derselben zu substituiren.

Die Königl. Regierung ist übrigens dafür, die Verwaltung der inneren Angelegenheiten der israelitischen Gemeinde möglichst der Autonomie derselben überlassen, und die gewünschte Einwirkung der staatlichen Behörden auf dieselbe wesentlich auf die Ausübung der gesetzlich vorgeschriebenen Ober-Aufsicht beschränkt zu sehen.

Der Königl. Polizei-Präsident
(gez.) v. Madai.

---

f.

Dänisches Gesetz

betreffend die Verhältnisse der Juden im Herzogthum Holstein

vom 14. Juli 1863 (18. Stück Nr. 73).

Titel II.

Religions- und Gemeinde-Verfassung, Schul- und Armenwesen der Juden.

§. 9.

Religionsausübung.

Den Juden ist die Ausübung ihrer Religion im Herzogthume Holstein gestattet. Zur Errichtung neuer Synagogen ist eine besondere Allerhöchste Erlaubniß erforderlich.

§. 10.

Bildung jüdischer Gemeinden zum Zweck gemeinschaftlicher Religionsübung.

Jeder im Herzogthum Holstein wohnhafte Jude muß Mitglied einer jüdischen religiösen Gemeinde sein. — Insoweit nach dem Ermessen der Regierung das Bedürfniß dazu vorhanden ist, sind außer den bereits bestehenden Gemeinden an den dazu geeigneten Orten neue Gemeinden zu bilden, deren Mitglieder die Kosten der Herstellung und Unterhaltung der zur Religionsübung dienenden Einrichtungen gemeinschaftlich abzuhalten haben, wohingegen die Juden von persönlichen Beiträgen für das christliche Kirchenwesen befreiet sind.

Ueber die Gemeinde-Angehörigkeit derjenigen Juden, an deren Wohnort eine jüdische Gemeinde nicht existirt, hat in Zweifelsfällen die Regierung zu entscheiden.

§. 11.

Geistliche.

Bei jeder Gemeinde, oder falls die Gemeinden zu klein sind, um einen eigenen Geistlichen zu halten, bei mehreren gemeinschaftlich, soll ein Geistlicher angestellt werden, der auf Vorschlag der Gemeinde Allerhöchst ernannt wird und dessen von der Gemeinde aufzubringende Einkünfte ebenfalls von Uns bestimmt werden. — Der Oberrabbiner in Altona ist zugleich oberster Geistlicher, dem die übrigen jüdischen Geistlichen hinsichtlich ihrer Amtsverrichtungen und in Sachen, welche den Cultus und die religiösen Ceremonien angehen, untergeordnet sein sollen; indessen wollen Wir es Uns vorbehalten haben, wo die Umstände es erforderlich scheinen lassen, einzelne Gemeinden von dieser Unterordnung unter den Oberrabbiner auszunehmen. Geistliche Amtsverrichtungen dürfen, sobald die Regulirung der Gemeinden und die Anstellung der Geistlichen erfolgt sein wird, von keinem anderen, als den von Uns bestellten, auf die Beobachtung der allgemeinen Landesgesetze zu verpflichtenden Geistlichen vorgenommen werden.

§. 12.

Vorsänger.

Jede Gemeinde hat einen Vorsänger anzustellen, der zugleich Schullehrer sein kann (§. 18). Die Funktionen des Vorsängers können sowohl allein, als auch in Verbindung mit dem Schullehrer-Amte dem Geistlichen mit übertragen werden.

§. 13.

Vorsteher.

Zur Besorgung der Gemeinde-Angelegenheiten soll jede Gemeinde Vorsteher haben, welche von der Gemeinde gewählt werden, Männer von unbescholtenem Rufe, sowie am Sitz der Gemeinde wohnhaft sein und das 25ste Lebensjahr zurückgelegt haben müssen. Außerhalb der Gemeindeorte können auch da, wo mehrere jüdische Familien wohnen, von diesen zur Wahrnehmung ihrer gemeinsamen Angelegenheiten besondere Vorsteher gewählt werden. Ueber die Wahl der Vorsteher ist der Obrigkeit eine Anzeige zu beschaffen.

§. 14.

Amtliche Protocolle.

Zu den Pflichten der Vorsteher an den Orten, wo eine Synagoge ist, gehört es, zwei gleichlautende Protocolle zu führen, in welchen die Geborenen, Gestorbenen und Verehelichten nach Namen, Alter und Datum zu verzeichnen sind. An den Orten, wo keine Synagoge ist, wird ein gleiches Protocoll in duplo von einem regierungsseitig damit zu beauftragenden Beamten geführt, welcher für jede Eintragung in die Listen einer Gebühr von 16 Sch. R. M. zu berechnen befugt ist. — Damit diese Protocolle vollständig und genau geführt werden können, sind die Geburten und Todesfälle von den Eltern, überlebende Ehegatten oder sonstigen nächsten Angehörigen, die Verehelichung von dem die Trauung vollziehenden Geistlichen bei Vermeidung einer Geldbuße von 2 bis 50 Thlr. innerhalb 24 Stunden denen, welche die Protokolle führen, anzuzeigen. — Ueber Einrichtung, Führung und Aufbewahrung der vorgedachten und der im §. 17 erwähnten, sowie sonst etwa vorkommender amtlicher Protocolle, ingleichen über die wegen ordnungsmäßiger Führung derselben erforderliche Controle hat die Regierung die näheren Vorschriften zu ertheilen.

§. 15.

Gemeinde Regulative.

Das hinsichtlich der Organisation, Verwaltung zc. der einzelnen Gemeinden weiter Erforderliche, insbesondere die näheren Bestimmungen über Gemeindewahlen, über die Anzahl der Gemeindevorsteher, deren Officien und die Geschäftsvertheilung unter denselben, über die Grenzen der Befugnisse des Vorstandes gegenüber der Gemeinde, über die Geschäftsordnung in den Gemeinde- und Vorstands-Versammlungen, über Budget- und Rechnungswesen, über die Aufbringung der Gemeindeabgaben s. w. d. a. werden für die einzelnen Gemeinden, soweit diese Angelegenheiten nicht bereits in zufriedenstellender Weise geordnet sind, durch besondere, von der Gemeinde zu entwerfende und regierungsseitig zu bestätigende Regulative festgesetzt.

§. 16.

Aufhebung des Bannes.

Den Vorstehern und Geistlichen steht die Inspection von Gewerben und Verrichtungen, soweit diese mit religiösen Vorschriften zusammenhängen, zu. Der Gebrauch des Bannes wird gänzlich aufgehoben. Zwangsmittel sind erforderlichenfalls bei der Obrigkeit zu bewirken.

§. 17.

Religionsprüfung.

Für den Unterricht in der jüdischen Religion wird ein besonderes Lehrbuch in deutscher Sprache autorisirt werden, und sollen sich künftig alle jüdischen Knaben und Mädchen einer öffentlichen Prüfung unterwerfen und ein Glaubensbekenntniß ablegen. Diese Prüfung ist in der Synagoge von dem Geistlichen vorzunehmen. Um zu der Prüfung zugelassen zu werden, müssen die Knaben das 15te, die Mädchen das 14te Lebensjahr zurückgelegt haben, es sei denn, daß zuvor die regierungsseitige Erlaubniß, sich der Prüfung im früheren Alter zu unterziehen, beigebracht wird. Diejenigen Juden, welche zur Zeit der Publication dieses Gesetzes das 15te, resp. das 14te Lebensjahr bereits vollendet haben, oder künftig in das Herzogthum Holstein kommen, nachdem sie dieses Alter erreicht haben, sind von der Verpflichtung, sich der Prüfung zu unterziehen, befreiet. Im Uebrigen soll künftig kein Jude zur Eingehung einer Ehe oder zur Ableistung eines Eides zugelassen, als Student immatrikulirt, als Geselle von einer Zunft ausgeschrieben werden, das Bürgerrecht gewinnen, irgend einen Nahrungserwerb selbständig betreiben oder über sein Vermögen verfügen dürfen, bevor er sich der Prüfung unterworfen hat. — Die Geistlichen haben alle, welche sich der Prüfung vor ihnen unterzogen haben, in einem Protocoll zu verzeichnen.

§. 18.

Einrichtung jüdischer Schulen.

Die an einem Orte wohnhaften Juden sind befugt, besondere Schulen für ihre Kinder einzurichten, insofern sie die Gehalte der Lehrer und die übrigen Bedürfnisse der Schule aufzubringen vermögen. Wenn sie auf diese Weise eine eigene jüdische Schulcommune bilden, sind sie von Personal-Schullasten für das christliche Volksschulwesen befreiet. Zur Aufsicht über die Schulen sollen besondere Anfsichtsbehörden bestellt werden, deren nähre Anordnung der Regierung vorbehalten bleibt. — Die Wahl der Lehrer, insofern diese nicht zugleich das Amt eines Geistlichen bekleiden, wird den Gemeinden überlassen, jedoch bedürfen dieselben der Bestätigung der Aufsichtsbehörde. — Die jüdischen Schulen sind von der Regierung mit besonderen Regulativen zu versehen, in welchen über die Bedingungen der Anstellung der Lehrer, Lehrplan, Schulinspection ꝛc. das Nähere festgestellt werden wird.

§. 19.

Schulpflichtigkeit.

An denjenigen Orten, wo besondere jüdische Schulen vorhanden, sind die Eltern und Pflegeeltern jüdischer Religion verpflichtet, ihre Kinder oder Pflegekinder vom vollendeten 6ten Jahre an bis dieselben die im §. 17 vorgeschriebene Religionsprüfung bestanden haben, an dem Unterricht in diesen Schulen theilnehmen zu lassen, insofern sie nicht nachweisen, daß die Kinder anderweitig einen von der Aufsichtsbehörde für zulänglich erachteten Unterricht durch Privatlehrer oder in einer christlichen Schule genießen. — Wenn Eltern oder Pflegeeltern sich in der Erfüllung dieser Verpflichtung säumig zeigen, so haben die Vorsteher, falls Ermahnungen nicht fruchten, solches der Aufsichtsbehörde anzuzeigen, welche die Säumigen nöthigenfalls durch Zwangsmittel zur Erfüllung ihrer Verbindlichkeit anhält oder anhalten läßt. — An solchen Orten, wo keine besondere Schule für Juden besteht, sind dieselben nach Maßgabe der allgemeinen gesetzlichen Bestimmungen gehalten, ihre Kinder während der schulpflichtigen Jahre die öffentlichen Ortsschulen besuchen zu lassen. An dem christlichen Religionsunterricht nehmen die jüdischen Kinder nur dann Theil, wenn ihre Eltern oder Pflegeeltern solches wünschen; ist dies nicht der Fall, so haben letztere anderweitig für den Unterricht in der jüdischen Religion zu sorgen und nachzuweisen, daß dies in einer nach dem Erachten des jüdischen Geistlichen ihrer Gemeinde ausreichenden Weise geschieht.

§. 20.

Armenwesen.

Die Juden gehören an den Orten, wo eine besondere jüdische Armencommune bisher nicht bestanden hat, gleich anderen Einwohnern zur Districtsarmencommune und haben gleich den übrigen Mitgliedern ihre Beiträge zu leisten. An denjenigen Orten, wo die Juden bisher eine besondere Armencommune gebildet haben, behält es einstweilen bei der bisherigen Einrichtung sein Bewenden, doch soll es der Regierung vorbehalten bleiben, eine Vereinigung der jüdischen mit der christlichen Armencommune, sobald solches den Umständen nach thunlich erscheint, zu verfügen.

§. 21.

Beerdigung.

Die Juden sind auf einem jüdischen Beerdigungsplatze zu bestatten. Im Uebrigen verbleibt es hinsichtlich der Beerdigung derselben bei der Verfügung vom 13. September 1804, dem Patent vom 27. Juli 1811 und dem Kanzleischreiben vom 2. Januar 1813.

§. 22.

Aufhebung älterer Bestimmungen.

Alle früheren, mit den Vorschriften dieses Gesetzes in Widerspruch stehenden allgemeinen und besonderen Bestimmungen werden hierdurch aufgehoben.

Anlage II.

Statistik.

Es fehlt an einem zuverlässigen Verzeichnisse aller jüdischen Gemeinden in dem ganzen Umfange der Preußischen Monarchie, sowie an einer sicheren Angabe, welche Gemeinden Hauptgemeinden sind und welche Filiale. Der Vorstand der jüdischen Gemeinde zu Berlin ermittelte 789 Gemeindeverwaltungen, und ersuchte diese um Auskunft über die in ihrem Bezirke befindlichen Gemeinde- und separatistischen Synagogen, ihre Lehrinstitute, ihre Gemeindebeamte (Rabbiner, Vorbeter, Lehrer), ihre Anstalten und Vereine zu religiösen und wohlthätigen Zwecken, und ihren Vermögensstand an Liegenschaften, Capitalien und Schulden. Es gingen jedoch nur von 595 Gemeindeverwaltungen Berichte ein. Auf Grund derselben ist nachstehende Uebersicht gefertigt. Es sind ermittelt:

für	a. Synagogen.	b. Lehrinstitute.	c. Beamte.	d. Anstalten und Vereine.	e. Capitalien Thlr.	f. Schulden Thlr.
Preußen	75	57	173	93	1700	71799
Brandenburg	49	30	99	38	51972	499680
Pommern	31	28	48	42	69643	132258
Schlesien	89	55	186	97	18454	463545
Posen	109	90	266	197	49300	85241
Sachsen	18	17	25	16	700	38850
Westphalen	94	62	81	48	6300	106915
Rheinprovinz	128	52	97	96	700	123550
Hohenzollern	4	3	5	10	2042	—
Schleswig-Holstein	2	3	22	4	—	6000
Hannover	103	51	93	52	7157	276992
Hessen	66	33	111	54	460	94355
Summa	768	481	1206	747	208428	1899185

Zu diesen Zahlen, bei denen wohl zu beachten, daß sie nur auf Grund der Angaben von *etwa drei Viertel der vorhandenen Gemeinden* berechnet, also nur als *Minima* zuverlässig sind, ist noch Folgendes zu bemerken:

ad a. In die Zahl von 768 Synagogen sind 45 lediglich gemiethete Betlokale eingeschlossen. Nur in Berlin, Frankfurt a. M. und Wiesbaden bestehen separatistische Gemeinden, deren Gottesdienst erheblich von dem abweicht, welcher in den Gemeindesynagogen stattfindet. Die Gesammtgemeinde Berlin hat 35943 Seelen mit 6200 beitragenden Mitgliedern, die Reformgemeinde daselbst hat 486, die Gemeinde Adas Isroel, deren Kultus mit dem der alten Gemeindesynagoge wesentlich übereinstimmt, einschließlich mehrerer auswärtiger Mitglieder, etwa 100 Mitglieder. In Frankfurt a. M., welches 2000 jüdische Familien mit 9000 Seelen hat, zählt die separatistische Vereinigung 139 Mitglieder, und in Wiesbaden, welches 210 Familien mit 945 Seelen hat, 33 Mitglieder.

ad b. Die 481 Lehrinstute bestehen aus 1 Realschule, 1 mittlere Knaben-, 1 mittlere Töchter- und 1 mittlere Volksschule, 1 Industrieschule für Mädchen, 172 Elementar- und 277 Religionsschulen, 2 Lehrerbildungsanstalten und 25 Instituten zur Förderung der jüdischen Wissenschaften (Beth hamidrasch).

ad c. Unter den 1206 Beamten sind 128 Rabbiner, Rabbinatsassessoren und Prediger, 598 Lehrer und Lehrerinnen. Die Lehrer fungiren in kleineren Gemeinden häufig auch als Kultusbeamte.

ad d. Nicht eingeschlossen in die 747 wohlthätigen Anstalten sind die lediglich privaten, welche außer aller Verbindung mit den Gemeinde-Verwaltungen stehen. Eingeschlossen in jene Zahl sind 7 Krankenhäuser, 10 Waisenhäuser, 2 Alter-Versorgungsanstalten und 3 Armenhäuser.

ad e. u. f. Die ertragsfähigen Liegenschaften sind 2 Wohnhäuser, und einige Morgen Ackerland, der Gesammtertrag derselben höchstens 500 Thlr. jährlich. Außer Betracht gelassen sind jedoch die Erträge aus der Vermiethung von Synagogenplätzen, da diese in der Regel die gesammten Kosten des Gottesdienstes nicht decken. Die Kapitalien von zusammen 204,428 Thaler bestehen zum größten Theil aus Zuwendungen zu bestimmten Zwecken. Bei der Berechnung der Kapitalien und Schulden ist Frankfurt a. M. außer Betracht gelassen, weil die hierauf bezüglichen Angaben fehlten.

Anlage III.

Gesetzentwurf.

Wir Wilhelm von Gottes Gnaden König von Preußen ꝛc. verordnen für das ganze Gebiet der Preußischen Monarchie unter Zustimmung der beiden Häuser des Landtags was folgt:

§. 1.

Die Juden sollen, soweit dies nicht bereits geschehen, nach Maaßgabe der Orts- und Bevölkerungsverhältnisse dergestalt in Synagogen-Gemeinden vereinigt werden, daß alle innerhalb eines Synagogen-Bezirks wohnende Juden einer solchen Gemeinde angehören.

§. 2.

Die Bildung der Synagogen-Bezirke erfolgt durch die Regierungen nach Anhörung der Betheiligten.

Die Regierungen sind ermächtigt, die Synagogen-Bezirke auf Antrag Betheiligter abzuändern und die hierauf bezüglichen Verhältnisse unter Zuziehung der Betheiligten, einschließlich der etwa vorhandenen Gläubiger, zu ordnen.

§. 3.

Die einzelnen Synagogen-Gemeinden erhalten in Bezug auf ihre Vermögensverhältnisse die Rechte juristischer Personen und diejenigen Freiheiten von Staats- und Kommunalsteuern, welche den christlichen Kirchen gewährt sind, namentlich auch Stempelfreiheit für Legate zu gottesdienstlichen oder wohlthätigen Zwecken.

§. 4.

Jede Synagogen-Gemeinde erhält einen Vorstand und eine angemessene Zahl von Repräsentanten.

§. 5.

Der Vorstand besteht aus mindestens 3, höchstens 7 Mitgliedern, welche ihr Amt unentgeltlich verwalten.

§. 6.

Die Zahl der Repräsentanten der Synagogen-Gemeinde soll mindestens 9, und höchstens 21 betragen. Auch diese verwalten ihr Amt unentgeltlich.

§. 7.

Sämmtliche männliche, volljährige, unbescholtene Mitglieder der Synagogen-Gemeinde, welche sich selbstständig ernähren und mit Entrichtung der Abgaben für die Synagogen-Gemeinde während des letzten Jahres nicht in Rückstand geblieben sind, wählen die Repräsentanten und diese den Vorstand auf 6 Jahre. Die Wahl ist überall zugleich auf eine entsprechende Zahl von Stellvertretern zu richten.

§. 8.

Das Wahlgeschäft wird durch ein dazu vom Vorstande bestimmtes Mitglied geleitet.

Nach Ablauf der ersten 3 Jahre scheidet die Hälfte der Vorstandsmitglieder und der Repräsentanten nach dem Loose, demnächst jedesmal die ältere Hälfte aus.

§. 9.

Die Synagogen-Gemeinden unterliegen der Oberaufsicht der Regierungen, in deren Bezirk sie ganz oder zum größten Theile gelegen sind.

§. 10.

Der Vorstand ist das Organ, durch welches Anträge oder Beschwerden der Synagogen-Gemeinde an die Staatsbehörde gelangen.

Der Vorstand hat über alle, die Synagogen-Gemeinden betreffenden Angelegenheiten den Behörden auf Erfordern Auskunft zu ertheilen. Er hat die Synagogen-Gemeinde überall gegen dritte Personen, insbesondere in allen Rechtsgeschäften, sie mögen die Erwerbung von Rechten, die Eingehung von Verbindlichkeiten oder Rechtsstreitigkeiten betreffen, zu vertreten. Insoweit seine Handlungen der Genehmigung der Repräsentanten-Versammlung bedürfen, sind sie auch Dritten gegenüber nur gültig, wenn jene ertheilt ist.

§. 11.

Die Wahl- und Anstellung der Gemeinde-Beamten erfolgt durch den Vorstand, bedarf jedoch zu ihrer Giltigkeit der zuvorigen Genehmigung der Repräsentanten-Versammlung.

§. 12.

Die Repräsentanten-Versammlung erhält durch ihre Wahl die Vollmacht, verbindliche Beschlüsse für die Gemeinde zu fassen. Die

Repräsentanten-Versammlung kontrolirt die Verwaltung des Vorstandes. Sie ist daher berechtigt und verpflichtet, sich von der Ausführung ihrer Beschlüsse und der Verwendung der Gemeinde-Einnahmen Ueberzeugung zu verschaffen, die Akten einzusehen, die Rechnungen zu prüfen, dagegen Erinnerungen zu machen und Dechargen zu ertheilen.

Die Repräsentanten-Versammlung kann die Mitglieder des Vorstandes suspendiren, entlassen und falls keine Stellvertreter vorhanden sind, solche bestellen. Die Vorsteher und Repräsentanten haften der Gemeinde, wenn sie wider besseres Wissen oder mit grober Fahrlässigkeit verfahren sind.

§. 13.

Die den Haushalt der Gemeinde betreffenden Angelegenheiten werden durch Beschlüsse der Repräsentanten-Versammlung und des Vorstandes bestimmt. Solche übereinstimmende Beschlüsse werden „Gemeindebeschlüsse" genannt; sie sind insbesondere erforderlich für

1. die Festsetzung des Etats, außerordentliche Geldbewilligungen, die Bestimmung des Steuermodus und des Steuersatzes der Mitglieder,
2. die Erwerbung, Verpfändung und Veräußerung von Grundstücken,
3. die Anstellung von Prozessen und den Abschluß von Vergleichen,
4. den Abschluß von Verträgen, insbesondere die Aufnahme von Anleihen.

Der Beschluß der Repräsentanten, wenn er den bestehenden Gesetzen nicht widerspricht, ist in der Regel bindend für den Vorstand. Hat derselbe jedoch die Ueberzeugung, daß der Beschluß der Gemeinde nachtheilig sein werde, so kann er zweimal die Bestätigung versagen, ist aber gehalten, falls der Beschluß zum drittenmal erfolgt, ihn zu genehmigen und auszuführen. In einem solchen Falle trägt der Vorstand für den Beschluß selbst keine Verantwortlichkeit.

§. 14.

Die Regierungen haben zur Einrichtung der Synagogen-Gemeinden und Abänderung ihrer Bezirke mitzuwirken, und sind befugt, falls die Verwaltung dergestalt gestört wird, daß keine den Gesetzen entsprechende Organe vorhanden sind, oder Hindernisse in der ordnungsmäßigen Verwaltung entstehen, insoweit durch geeignete Maßregeln einzugreifen, als erforderlich ist, um jene Organe herzustellen oder die Hindernisse der ordnungsmäßigen Verwaltung zu beseitigen.

§. 15.

Ueber die Wahl und die Befugnisse des Vorsitzenden in dem Vorstande und des Vorstehers der Repräsentanten=Versammlung, sowie über die Zahl der Mitglieder des Vorstandes und der Repräsentanten=Versammlung, der Stellvertreter derselben, ferner darüber ob die Wahl in den Vorstand auf Einwohner des Hauptortes des Synagogen=Bezirks beschränkt bleiben, und welche Reisekosten=Entschädigung im anderen Falle den Gewählten gewährt werden soll, sind die erforderlichen Bestimmungen, insoweit dies nicht bereits geschehen, in ein durch Gemeindebeschluß festzustellendes Statut aufzunehmen. Dasselbe kann besondere Festsetzungen über das Verhältniß des Vorstandes und der Repräsentanten gegen einander und gegen die Synagogen=Gemeinde, über die den Kultus betreffenden innern Einrichtungen, und muß allgemeine Normen für die Besteuerung der Mitglieder enthalten.

Die erste Wahl des Vorstandes und der Repräsentanten erfolgt nach Vorschrift der Regierung.

§. 16.

Die auf den Kultus bezüglichen innern Einrichtungen werden in jeder einzelnen Synagogen=Gemeinde, solange und soweit nicht das Statut ein Anderes festsetzt, durch Gemeindebeschluß geregelt.

§. 17.

Dem Statute einer jeden Synagogen=Gemeinde bleibt die Bestimmung darüber vorbehalten, ob Kultusbeamte angestellt und wie dieselben gewählt werden sollen. Bis dahin behält es wegen dieser Wahlen bei demjenigen, was in den einzelnen Gemeinden herkömmlich ist, und in Ermangelung eines festen Herkommens bei den allgemeinen gesetzlichen Vorschriften wegen der Wahl von Gesellschaftsbeamten sein Bewenden.

§. 18.

Entstehen innerhalb einer Synagogen=Gemeinde besondere Vereinigungen, welche Gotteshäuser für sich errichtet haben, so kann jedes Gemeindemitglied, welches diesen Vereinigungen angehört, beanspruchen, daß ein Drittel seines Gemeindebeitrages von der Synagogen=Gemeinde an die Vereinigung, deren Mitglied er ist, bezahlt werde.

Haben die besonderen Vereinigungen eigene Begräbnißplätze erworben, so kann jedes Gemeindemitglied, welches diesen Vereinigungen angehört, beanspruchen, daß ein Achtel seines Gemeindebeitrages von der Synagogen=Gemeinde an die Vereinigung, deren Mitglied er ist, bezahlt werde.

Diejenigen Mitglieder, für welche ein solcher Beitrag an die besondere Vereinigung geleistet wird, verlieren dagegen ihren Anspruch auf die cultuellen (gottesdienstlichen) Einrichtungen, bezw. den Beerdigungsplatz der Gemeinde, sowie auf die Amtshandlungen der bei diesen Einrichtungen angestellten Gemeinde-Beamten.

§. 19.

Die Kosten des Kultus und der übrigen die Synagogen-Gemeinde betreffenden Bedürfnisse, zu welchen auch die Einrichtung und Unterhaltung der Begräbnißplätze gehört, werden nach den durch das Statut einer jeden Synagogen-Gemeinde näher zu bestimmenden Grundsätzen auf die einzelnen Beitragspflichtigen umgelegt. Die durch Gemeindebeschluß festgestellten Heberollen sind im Verwaltungswege vollstreckbar. Der Rechtsweg ist wegen solcher Abgaben und Leistungen nur insoweit zulässig, als Jemand aus besonderen Rechtstiteln die gänzliche Befreiung von Beiträgen geltend machen will, oder in der Bestimmung seines Antheils über die Gebühr belastet zu sein behauptet.

Einzelne zerstreut und von dem Mittelpunkt des Synagogen-Bezirks entfernt wohnende Juden können nach Maaßgabe des §. 18. entsprechende Rückvergütung ihrer Beiträge für sich verlangen, verlieren dagegen auch die entsprechenden Rechte der Gemeinde-Mitglieder.

Von neu einziehenden Juden darf ein sogenanntes Eintrittsgeld von der Synagogen-Gemeinde auch an denjenigen Orten, wo solches bisher üblich gewesen, künftig nicht mehr gefordert werden.

§. 20.

Die der besonderen Armen- und Krankenpflege der Juden gewidmeten Fonds und Anstalten, welche schon bisher von den jetzigen und früheren Vorständen der Synagogen-Gemeinden verwaltet und beaufsichtigt worden sind, werden auch künftig von denselben, vorbehaltlich des Oberaufsichtsrechts der Regierung, beaufsichtigt und verwaltet, neue derartige Fonds und Anstalten aber nur dann, wenn dies in der Stiftung ausdrücklich bestimmt ist.

§. 21.

In Bezug auf den öffentlichen Unterricht gehören die schulpflichtigen Kinder der Juden den ordentlichen Elementarschulen ihres Wohnorts an.

§. 22.

Zur Theilnahme an dem christlichen Religions-Unterrichte sind die jüdischen Kinder nicht verpflichtet; eine jede Synagogen-Gemeinde ist aber verbunden, solche Einrichtungen zu treffen, daß die jüdischen Kinder Gelegenheit haben, Religions-Unterricht zu erhalten.

Als besondere Religionslehrer können nur solche Personen zugelassen werden, welche zur Ausübung eines Elementarschul-Amtes vom Staate die Erlaubniß erhalten haben.

§. 23.

Eine Absonderung von den ordentlichen Ortsschulen können die Juden der Regel nach nicht verlangen; doch ist ihnen gestattet, in eigenem Interesse auf Grund von Vereinbarungen unter sich mit Genehmigung der Schulbehörden, Privatlehranstalten nach den darüber bestehenden allgemeinen Bestimmungen einzurichten. Ist in einem Orte oder Schulbezirke eine an Zahl und Vermögensmitteln hinreichende christliche und jüdische Bevölkerung vorhanden, um auch für die jüdischen Einwohner ohne deren Ueberbürdung eine besondere öffentliche Schule anlegen zu können, so kann, wenn sonst im allgemeinen Schulinteresse Gründe dazu vorhanden sind, die Einrichtung besonderer Schulen für jüdische Kinder auf Antrag der Synagogen-Gemeinde erfolgen.

§. 24.

Die Regierung hat in solchem Falle über die beabsichtigte Schultrennung und den dazu entworfenen Einrichtungsplan die Kommunalbehörde des Orts und die übrigen Interessenten mit ihren Erklärungen und Anträgen zu vernehmen.

§. 25.

Ergiebt sich hierbei ein allseitiges Einverständniß über die Zweckmäßigkeit der Schulabtrennung und über die Bedingungen der Ausführung, so ist die Regierung befugt, die entsprechenden Festsetzungen und Einrichtungen unmittelbar zu treffen.

Im Falle obwaltender Differenzen bleibt die Entscheidung dem Minister der geistlichen ꝛc. Angelegenheiten vorbehalten.

§. 26.

Eine nach den §.§. 23., 24. und 25. errichtete jüdische Schule hat die Eigenschaften und Rechte einer öffentlichen Schule. Insbesondere gelten dabei folgende nähere Bestimmungen:

1. Die Unterrichts-Sprache in einer solchen Schule muß die Deutsche sein.
2. Die Errichtung und Unterhaltung dieser Schule liegt in Ermangelung einer anderweitigen Vereinbarung den jüdischen Einwohnern des Schulbezirks allein ob. Die Aufbringung

der erforderlichen Kosten wird nach Maßgabe der Bestimmung des §. 19. bewirkt.

3. Wo die Unterhaltung der Ortsschulen eine Last der bürgerlichen Gemeinde ist, haben die Juden im Falle der Errichtung einer eigenen öffentlichen Schule eine Beihülfe aus Kommunalmitteln zu fordern, deren Höhe unter Berücksichtigung des Betrages der Kommunal-Abgaben der jüdischen Einwohner, der aus den Kommunalkassen für das Ortsschulwesen sonst gemachten Verwendungen und der Erleichterung, welche dem Kommunalschulwesen aus der Vereinigung der jüdischen Kinder in eine besondere jüdische Schule erwächst, zu bemessen, und in Ermangelung einer gütlichen Vereinbarung, von den Ministern der geistlichen ꝛc. Angelegenheiten und des Innern festzusetzen ist.

An dem Rechtsbestande der bereits vorhandenen jüdischen Schulen wird durch dieses Gesetz Nichts geändert.

§. 27.

Zur Bekleidung des Amtes eines Rabbiners oder Predigers ist die Ablegung der Entlassungs-Prüfung auf einem Deutschen Gymnasium, die Zurücklegung eines dreijährigen philosophischen Studiums auf einer Deutschen Staats-Universität, sowie die Ablegung einer wissenschaftlichen Staatsprüfung erforderlich.

Der Minister der geistlichen Angelegenheiten ist jedoch ermächtigt, auf Antrag einer Gemeinde im einzelnen Falle von einzelnen dieser Erfordernisse oder allen zu dispensiren, wenn die wissenschaftliche Qualifikation des Gewählten anderweit dargethan wird.

§. 28.

Die Staatsprüfung ist öffentlich und wird darauf gerichtet, ob der Kandidat sich die für seinen Beruf erforderliche allgemeine wissenschaftliche Bildung, insbesondere auf dem Gebiete der Philosophie, der Geschichte und der deutschen Literatur erworben habe.

Der Minister der geistlichen Angelegenheiten trifft die näheren Anordnungen über die Prüfung.

§. 29.

Der Vorstand der Gemeinde ist verpflichtet, denjenigen Kandidaten, welcher als Rabbiner oder Prediger angestellt werden soll, dem Ober-Präsidenten unter Bezeichnung des Amtes zu benennen.

Innerhalb 30 Tagen nach der Benennung kann Einspruch gegen die Anstellung erhoben werden.

Die Erhebung des Einspruchs steht dem Ober-Präsidenten zu und muß binnen der gedachten Frist dem Vorstande mitgetheilt sein.

§. 30.

Der Einspruch ist zulässig.

1 wenn dem Anzustellenden die gesetzlichen Erfordernisse zur Bekleidung des Amtes als Rabbiner oder Prediger fehlen,

2. wenn der Anzustellende wegen eines Verbrechens oder Vergehens, welches das deutsche Strafgesetzbuch mit Zuchthaus oder mit dem Verluste der bürgerlichen Ehrenrechte oder dem Verluste der öffentlichen Aemter bedroht, verurtheilt ist oder sich in Untersuchung befindet.

Die Thatsachen, welche den Einspruch begründen, sind anzugeben.

Gegen die Einspruchserklärung kann innerhalb 30 Tagen bei dem Königl. Gerichtshof für die kirchlichen Angelegenheiten Berufung eingelegt werden. Dessen Entscheidung ist endgültig.

§. 31

Die Anstellung als Rabbiner oder Prediger ist ungültig, wenn sie vor fruchtlosem Ablauf der dem Ober-Präsidenten gewährten Einspruchsfrist oder wenn Einspruch erhoben ist, vor dessen endgültiger Erledigung erfolgt.

§. 32.

Die §.§. 27—31 finden auf diejenigen Personen, welche vor der Gültigkeit dieses Gesetzes als Rabbiner oder Prediger bereits angestellt waren, keine Anwendung.

§. 33.

Die Verurtheilung eines angestellten Rabbiners oder Predigers zur Zuchthausstrafe, die Aberkennung der bürgerlichen Ehrenrechte oder der Fähigkeit zur Bekleidung öffentlicher Aemter hat die Erledigung der Stelle, die Unfähigkeit zur Ausübung des Rabbinats- oder Predigeramts und den Verlust der Rechte aus den Anstellungsverträgen zur Folge.

§. 34.

Alle von den Bestimmungen dieses Gesetzes abweichenden allgemeinen und besonderen gesetzlichen Vorschriften, insbesondere das Preußische Gesetz vom 23. Juli 1847 (G. S. S. 263), vorbehaltlich der §.§. 8.—22. desselben, welche auf den ganzen Umfang der Monarchie ausgedehnt werden, das Hannöver'sche Gesetz vom 30. September 1842 (I. Abth. Nr. 41), die Bekanntmachung über die Führung der jüdischen

Geburts-, Trauungs- und Sterberegister v. 4. Novbr. 1843 (I. Abth. Nr. 38), die Bekanntmachung, das jüdische Synagogen-, Schul- und Armenwesen betreffend, vom 19. Januar 1844 (I. Abth. Nr. 6), die Verordnung, betreffend die Bestätigung einer Synagogen-Ordnung vom 31. Dezbr. 1860 (I. Abth. Nr. 47), die Schulordnung für die jüdischen Schulen vom 5. Februar 1854, die Kurhessische Verordnung vom 30. Dezember 1823 (Nr. XII. Dezember) und das Gesetz v. 29. Oktbr. 1833 (Nr. XVI. Oktober), die nassauische Verordnung, die Kultusverhältnisse der Juden betreffend, vom 7. Januar 1852, das Frankfurter Reglement v. 8. März 1839 und die dasselbe abändernden Verfügungen, sowie das dänische Gesetz vom 14. Juli 1863 (Nr. 73), werden hierdurch außer Kraft gesetzt.

Der nassauische israelitische Central-Kultusfonds wird der Synagogen-Gemeinde Wiesbaden zur Verwaltung für die cultuellen Interessen der Nassauischen Gemeinden übergeben.

§. 35.

Unsere Minister der geistlichen 2c. Angelegenheiten, des Innern und der Justiz haben wegen Ausführung dieses Gesetzes das Erforderliche zu veranlassen.

Urkundlich 2c.

Inhalt.

Druck von Troitzsch & Ostertag in Berlin

Kolibri 360 GmbH
Ferdinand-Jühlke-Straße 7
99095 Erfurt, Deutschland
produktsicherheit@kolibri360.de